完璧じゃなくていい、
勇気ある女になろう

レシュマ・サウジャニ
岩田佳代子訳

海と月社

BRAVE, NOT PERFECT

by Reshma Saujani

〝間違いを恐れてる〟すべての女の子と女性たちへ
あなたたちは、自分が思っている以上に勇気がある。

Part One

女性が慎重になる理由

Part Two
勇気とは何か

Part Three

勇気ある女性になる方法

序章　わたしが初めて勇気を出した日

2010年、わたしは33歳にしてアメリカの下院議員選挙に立候補した。

じつは13歳のときから、いずれは政治家になって世の中を大きく変えてみたいと思っていた。だけど、そのときまでは会社員として長時間働き、毎日へとへとになって帰宅していた。給料はよかったものの、わたしはその仕事が好きじゃなかった。なのに辞めなかったのは「ここで働きつづけることを期待されている」と思っていたからだ。

でも、日を追うごとにつらさが増し、ついに、「ここで何かを変えなかったらもうだめだ」、というところまで追いこまれてしまった。

ニューヨーク市の政界でささやかれていた噂が耳に入ったのは、そんなときだ。地元の選挙区で18年もその座を守ってきた女性議員が、下院から上院に鞍替えするという。「チャンスだ」と思った。すぐに信頼できる何人かに意見を聞くと、みんな思い切り背中を押してくれた。当時、わたしは投資会社に勤めていたから、資金の集め方がわかる。政治には昔から関心があるから、ちゃんと政策も考えている。経歴も悪くない。ないのは経験だけだ——これほどやる気になったのは、生まれて初めてだった。

止めるものは何もなかった。ずっと夢見てきた、人々のために尽くす人生。その夢に向かって、わたしはついに一歩を踏みだした。

ところが、事情が変わった。くだんの女性議員が鞍替えをしないことにしたのだ。つまり、わたしが下院議員になるためには、その現職の議員に選挙で勝たなければならない。すると突然、それまで応援してくれていた人たちが揃って、「勝てっこない」と言いだした。相手は古株の事情通で、とても太刀打《たちう》ちできない強敵だ、万に一つも勝てる見こみはないという。それまで支援してくれていた人たちのなかには、今回はきみの出番じゃないから出馬はとりやめろ、と面と向かって言う人までいた。

でも、わたしはもうすっかりのめりこんでいて、諦めることなんかできなかった。あとほんの少しで、長年の夢に手が届くのに、今さら尻尾を巻いて逃げだすなんてイヤ。自分で自分のことを「バカじゃないの」と何度も思ったけれど、とにかく突き進んだ。これが最初で最後のチャンスで、逃せば一生後悔すると思ったから。

選挙戦のふたを開けてみると、わたしも他の多くの人も驚いたことに、わたしは世間から好意的に注目された。突如現れた、公職と無縁だった南アジア系の若い女性として、演説も熱心に聞いてもらえたし、選挙資金の寄付も集まった。ニューヨーク・オブザーバー紙やデイリーニューズ紙でもとり上げてもらった。さらに全国紙二紙の一面に記事が載り、CNBCが、全米有数の熱戦としてわたしの選挙戦を放送してくれた。そのうち、なんとも控えめだった希望が、勝てるという確信に変わっていった。

でも、結果は？　負けた。それも、得票率わずか19％という完敗で。

ここで言いたいのは、立候補したということじゃない。見事な負けっぷりだったり、みじめな姿を世間にさらしたあとの立ち直り方、でもない。大人になって初めて、本当に勇気ある行動をした、ということだ。

イェール・ロー・スクールを卒業後、それなりの有名企業で働いてきたわたしの経歴を見て、ガッツのある押しの強い人と思う人もいるかもしれないが、実際はそうじゃない。イェールに入学したのだって、3回も門前払いをされてからやっとだった。米国でトップ5に入る法律事務所に勤め、その後、投資顧問会社に入ったのも、移民の父を喜ばせたい、父の夢を叶えたいという一心からだった。

わたしは子どものころからずっと、「頭がよくて能力もある」と思ってもらえるよう、ひたすら努力した。一事が万事そう。選択肢があれば決まって、「完璧な自分」をつくるほうを選んできた。「完璧な自分」が完璧な人生につながると信じていたからだ。

まわりからどう見えていたかはわからないけれど、立候補するまで、自分にとって本当に勇気のある選択はひとつとしてなかった。理由は簡単、わたしの人生という台本には、「勇気ある選択をする」なんてどこにも書かれていなかったからだ。台本にないこと、自分にとって本当に意味のあることを自分の意志でやったのは、このときが初めてだった。勝利を確信できなくても、負ければ多くを失うことがわかっていても、挑戦したのは初めてだった。面目を失い、評判は地に落ち、自信をなくすかもしれない。傷つきもするだろう。しかもかなり。それでも立ち直れるのかな、と思いつつやったのだ。

思えば、大人になってからのわたしは、うまくやれるとわかっていることしかしてこなかった。たぶん、他の多くの女性も、自分の苦手なことはやらない。自信がもてること、馴染《なじ》んでいることの先にあるものに挑戦してみようという人は、とても少ない。

これまで全米各地で大勢の女性に会ってきたけれど、人種や年齢や経済状況を問わず、女性はたいていそうだった。たとえば犬の散歩代行《ドッグウォーカー》をしていた24歳の女性。スターバックスでおしゃべりをしたとき、彼女はその代行業の常識を打ち破るすばらしいアイデアを話してくれた。なのに、「営業が苦手だから」というだけで、「実行するのは絶対ムリ」と決めてかかっていた。

政治資金団体の集まりで隣り合わせた58歳の女性もそうだった。雑誌編集者の彼女は、もう何年も前から燃えつき症候群になっていて、ちっとも仕事が楽しくないらしい。だけど、辞めるつもりはないと言った。お金の心配もないのに。「どうして？」と聞くと、彼女は肩をすくめて言った。「だって、編集の仕事ならちゃんとできるから」

わたしがCEOを務める非営利団体「ガールズ・フー・コード」（主に中学・高校生の女子を対象に、プログラミングの仕方を教える団体）でも状況は同じだ。若い女性スタッフたちは、経験したことのない分野のプロジェクトだと、ボランティアをしたがらない。男性はたいてい、未知の分野にも飛びこんでいくのに。そう、男性の大半は、失敗したらどうしようとか、バカみたいに見えたらどうしようとかといった不安が女性より少ない。

では女性はなぜ、尻込みしがちなのだろう？　生物学的なことが原因じゃない。問題はこれまでの育てられ方だ。女性は、小さいときからずっとこんなふうに言われつづける。「危ないことをしてはいけません」「オールAをとれるよう頑張って、お父さんやお母さん、先生を喜ばせなさい」「ジャングルジムは、落ちたり怪我をしたりしたら大変だから、あまり上まで登ってはいけません」「静かに座って、大人の言うことをよく聞きなさい」「いつもかわいく見えるようにしていなさい」「愛想よくして、好かれるようにしなさい」……

親や教師は、あくまでもわたしたちを思って、少しでも輝けるようにと思って、それぞれの得意な分野へと導いていく。苦手なことは遠ざけて。そうやって、女の子の心が傷ついたり、成績が落ちたりしないようにする。

もちろん、そういう考え方も悪くはない。自分の娘が傷ついたり、落ちこんだり、自信をなくしたりする姿を見たい親などいないだろう。親が娘を守るのは、愛情と思いやりがあるからだ。でもそのせいで、女の子は大きくなってからも、リスクを冒したり、夢を追ったりするのが苦手になる。

それに比べて男の子は、正反対のことを言われて育つ。「冒険をしろ」「多少の怪我は気にしないで遊べ」「ブランコは高くこげ」「ジャングルジムのてっぺんまで登って、そこから飛び降りてみろ」「新しいことに挑戦しろ」「機械類をいじくりまわしてみろ」「失敗したらすぐにまたやり直せ」……。そうやって背中を押される。小さいころから大胆に行動するよう教えられていくのだ。

このことは各種の研究でも明らかで、男の子には自分で考えて行動する自由が与えられているし、親に指示や手助けをされることなく何かに挑戦すると、ほめてもらえる。おかげで、ティーンエージャーになるころには、次から次へとリスクをおかすことに慣れる。好きな子をデートに誘ったり、成人して初めて給料の値上げ交渉をしたりして、失敗しても動じない。

なにしろ、一か八かやってみてうまくいかなかったとしても、よくやったとほめられるのだから。女の子とは大違いだ。

つまり、男の子は〝勇敢になる〟ように、女の子は〝完璧になる〟ように育てられる。わたしたち女性が、失敗を恐れて挑戦しないのはそのせいだ。

いろいろなことを諦めてしまうのも、〝失敗してはいけない〟という思いがあるからだ。心の奥底では、ちゃんと主張すべきだとわかっているのにしないのは、でしゃばりだとか、こうるさいだとか、鼻持ちならないだとか思われたくないから。いざ話すときも、偉そうだとか押しが強そうだとか思われず、みんなに気に入ってもらえるように伝えるにはどうすればいいかとひたすら悩む。些細《ささい》な問題でも、いろいろな角度から検討してようやく結論を出す。そして、失敗でもしようものなら、(そんなこと、あってはならないけれど)この世の終わりのような気持ちになってしまう。

ちゃんとできなかったり、受け入れてもらえなかったりすることばかり心配していると、自分で自分の夢を踏みにじり、幸せになるチャンスを狭めることになる。心配するあまり、あなたはこれまでどれだけの機会や経験を逃してきただろう。ちゃんとできなかったらどうしようと不安になるあまり、みすみす手放してしまったすばらしいアイデアや、諦めてしまった目標がどれほどあるだろう。「わたしには無理ですから」と言って、リーダーになるのを断ったこともあるのでは？　経営幹部や取締役会、議会をはじめ、あらゆる場所で女性の割合が少ないのは、この〝完璧にできないなら、やっちゃダメ〟という考え方も大きく影響していると思う。

それに、女性は「人に親切にして、周囲に合わせること」と教えられてきたために、つい自分以外の人のために自分のエネルギーや時間を目一杯注ぎこむ。その末に、疲れはててしまうのだ。

だけど、しゃべるべきときにずっと黙っていたり、嫌われたら困るという思いからノーと言いたいのにイエスと言ったりすると、自己肯定感がどんどん損なわれていく。

わたしは完璧です、なんてふりを続けていると、他の人とつきあうのも、自分の心も、どんどん苦しくなってくる。

うわべをとりつくろえば、自分の欠点や弱いところは隠しておけるかもしれない。けれど、大切な人との間に壁ができてしまうし、いつまでたっても、本当に価値のある、心から信じ合える関係は築けない。

もし、これとは反対に、失敗したらどうしよう、期待に応えられなかったらどうしようなどと考えずに生きていけたら、どうなると思う？

相手の気持ちばかり優先して、自分の思いや言いたいことを我慢するのをやめたら？

うっかりミスくらいで自分をひどく責めるのをやめ、完璧を目指すのもやめて、楽に呼吸ができるようになったら？

決断を迫られるたびに、勇気ある選択をしたり、大胆な道を選んだりしたら、今よりもっと幸せになれる？　自分が夢見ているような形で、みんなをあっと言わせることができる？

どちらの答えも、絶対にイエスだ。

この本を書いたのは、わたし自身がずっと自分を押し殺してきたからだ。でも33歳でようやく、勇気を出すことの大切さを知った。あのとき以来、わたしは毎日〝勇気の筋肉〟を鍛えている。

失敗しないように、と思いつづけて過ごすのはつらい。でも、その思いこみを捨てれば、言い換えれば、失敗に対する不安を手放せば、自由や喜びなど、人生のすばらしいものをもっとたくさん手にできる。

だから、やってみる前に諦めるのはもうやめよう。

新しいことに挑戦したり、思い切って自分の望みを伝えたり、間違えたりすることを（それに、ちょっとバカみたいに見えたりすることを）心配していると、才能を無駄にし、やりたいことを我慢し、後悔することになる。

失敗したらどうしよう……。そんな不安を手放すのは、じつは意外と簡単だ。少しずつ勇気の筋肉を鍛えていくだけでいい。そのためにこの本がある。

(TEDのスピーチが4000万回視聴されて)

「ところで、選挙で負けたあなたがどうして、女性は勇気をもつべきだと声をあげるようになったの」って? いい質問ね。

完敗から数週間後、どん底からはい上がって、さてこれからどうしようと考えはじめたわたしは、ふと思い出した。選挙運動のさなか、あちこちの学校をまわったとき、コーディング(プログラミングの手順のひとつ。プログラミング言語を使ってソースコードを作成すること)とロボット工学の授業をとっていたのは男子ばかりだったということを。女子はどこ? それが気になって仕方がなかった。女子にも誰かが手を差しのべて、技術の性差を埋めていかなければならないはずなのに……。

これこそわたしの次なる使命だ、と悟るのに時間はかからなかった。こうして、2012年に「ガールズ・フー・コード」を立ち上げた。その後、この活動は全米に広がり、50州で9万人を超える少女たちが参加するようになった。

一般に、女子は13歳から17歳くらいの間にSTEM（科学・技術・工学・数学）への興味を失っていく傾向にある。それを変えたい、というのが「ガールズ・フー・コード」を立ち上げた目的。当時コンピュータ関連分野では140万もの人が働いていたのに、女性の割合はたったの3％だった。だけど2020年までにもっと増やそう、と決めた。

そして、「ガールズ・フー・コード」を立ち上げてすぐに気づいた。この活動でわたしは、少女たちが将来この分野で活躍していけるように手助けするだけでなく、勇気をもつことも教えているのだ、と。

コーディングは試行錯誤の連続だ。セミコロンひとつで成功することもあれば失敗することもある。つまずきや破綻はつきもので、何度も必死に挑戦してようやく、新しいものを生み出す奇跡のような瞬間を経験できたりする。そのために必要なのは忍耐力と、できないことを受け入れる心のゆとりだ。

TEDで講演をしたのは、2016年2月。このときわたしは、女性の完璧志向や勇気の大切さについて、自分の目で見てきたことをもとに話した。とにかく女性たちの背中を押したかった。

すると、驚くほどの反響があった。あらゆる年齢の女性がたくさん共感してくれて、メールが次から次へと届きだした。「あの話はまさに自分のことです」と書いてくる女性が何人もいた。「講演を聞いて涙が止まりませんでした」と記してきた人もいれば、「あの話のままのことを自分に強《し》いていました」という人もいた。そしてみんな、恥ずかしい思いをしたり、失敗したり、自分で決めた基準を達成できなかったりするのを怖がっていた。

読んでいるうちに、涙が出てきたメールもある。「間違いを犯したり、誰かをがっかりさせたりすると、何日も自分を責めます」「みんなからは、いつもきちんとしていると思われています。そう見えるように必死に頑張っていることや、本当はだらしない人間だと知られたらどうしようと不安でたまらないことがわかってしまったら、どうなるのでしょう」……

かと思えば、ものすごく誇らしい気持ちにさせてくれたメールもあった。大学2年のある女性は、これまでずっと完璧であろうとし、山のような宿題や課題に焦って泣きそうになっても、バカだと思われるのが怖くて誰にも質問できず、孤独な時間を過ごしてきたという。でも、わたしの話を聞いて、完璧でなくてもいいと思えるようになったそうだ。「信じられないほど心が軽くなりました。もう、わからないことがあれば質問もできます。バカだと思われたって気にしません。わたしが学ぶのは自分のためなんですから」

なかには、わずか5歳の娘がすべてを〝きちんと〟やることにやたらと神経質になっている、と心配する親御さんもいた。わたしの講演を家族で見るよう大量のメールやニュースレターを保護者に送ったと話してくれた先生もいた。

その後も、「完璧より勇気を」というわたしのメッセージは、ブログやSNS、主要な報道機関の取材を通して広がりつづけた。この本を書いている時点で、TEDでの講演はほぼ400万回も視聴されている。これをきっかけに、フォーチュン誌が主催する「最もパワフルな女性サミット」というイベントで講演をした。ワシントンDCで開催された米国サミットでは、ミシェル・オバマ元大統領夫人と同席する栄誉にも浴した。

どれも胸躍る嬉しい経験だった。でも、わたしにとって何よりすばらしかったのは、「完璧より勇気を」というメッセージが、一人ひとりに大きな変化をもたらしているのをこの目で確かめられたことだった。毎週、最低でも一、二か所の都市へ足を運び、いろいろな催し、あるいは学校や企業で話をしていくなかで、わたしの話を聞いてくれたさまざまな年齢の女性たちが、どんなに怖くても、新しいことや大きなことに挑戦しようと思ってくれていると知って、心の底から感動している。

バカみたいと思われるんじゃないか、かっこ悪いんじゃないかと心配しながらも、質問をしたり、意見を言おうとする女性がいる。まわりからどうかしていると言われても、〝安全な〟進路を離れて、ずっと夢見てきた道を歩もうとしている女性がいる。つまずき、転ぶかもしれないとわかっていても、未知の世界へ飛びこもうとしている女性がいる。みんな、転んでもそれで世界が終わるわけではないとわかっている。

黙って我慢するのはもうおしまい。自分の娘に同じ思いをさせるのも、もうやめよう。もし、あなたが「勇気をもつなんてごくかぎられた人にしかできない特別なこと」だと思っているなら、はっきり言わせてもらいたい。わたしがこれまで会ってきた女性たちは、経歴も経済状況も多種多彩だった。そう、これはすべての女性に通じることなのだ。

著述家のアナイス・ニンは、かつて「人生は、その人の勇気次第で縮みもすれば広がりもする」と書いた。この言葉が本当なら（わたしはそう信じている）、勇気さえあれば、自分のための人生だって切り拓いていけるはずだ。

Part One

女性が慎重になる理由

Brave, Not Perfect

1章

お砂糖も、スパイスも、
素敵なものはぜんぶ

16歳のエリカは、誰もが認める人気者だった。両親はともに有名な教授で、エリカ自身もクラスの副委員長を務め、成績優秀。成績表には「努力家で、とても楽しそうにしている」といった教師たちからのほめ言葉が並んでいた。月に二回は地元の病院でボランティア活動をし、高校2年生の終わりには、クラスメイトから「ベスト・スマイル」賞に選ばれた。友人は口を揃えて「エリカみたいに優しい子はいない」と言う。

でも、その晴れやかな笑顔の裏には、どんよりした思いが隠されていた。彼女の日記を読んだなら、まわりの人を幸せにするために、自分は24時間完璧でいなければならないと思っていることがわかるだろう。実際、エリカは毎晩、週末でさえも、必死に勉強をしている。オールAをとり、両親や教師を喜ばせるために。両親や教師をがっかりさせるなんてありえない、と思っているからだ。一度、学校で開かれたディベート大会に参加できなかったことがある。前々から約束していたボランティアと日程が重なって仕方のないことだったが、そのときエリカは「先生に嫌われる」とひどいパニックに陥り、体調を崩してしまった。

本当は、エリカは病院でのボランティア活動が大嫌いだった（ポータブル便器の片づけさえできない）。それでも続けているのは、進路指導の先生から、大学に提出する願書に書けばアピールできると言われたからだ。本当は、チアリーディングに興味があって入団試験を受けたかったのに、やめた。友人から、ジャンプがとても難しくて覚えるのが大変だと聞いたからだ。人前で恥をさらすような真似は絶対にできない。さらに言えば、本当は、友人たちのことも好きじゃなかった。みんな、つまらないことや意地の悪いことばかり言ったりやったりしている。それなのに合わせているのは、みんなと違うことをすると考えただけでゾッとするからだ。

つまりエリカも、多くの女の子と同じ。みんなを喜ばせなければ、ちょっとでも失敗の可能性があることは絶対に避けなければ、という考えにがんじがらめにされていたのだ。

わたしがこの事実を知っているのは、彼女が今42歳で、わたしの大切な友人だから。エリカは相変わらず素敵な笑顔を振りまく。相変わらずとびきり優しい。そして、相変わらず完璧であることにとらわれたままだ。売れっ子の政治コンサルタントで、子どもはいない。同僚にいいところを見せ、クライアントに期待以上の結果を示すために、ほぼ毎晩、夜中過ぎまで仕事をしている。

わたしと会っているときだって、一分の隙もない。いつも正しいことを言い、いつもきちんとした贈り物や礼状を送り、いつもきっちり時間を守る。だけど16歳のときと同じで、本当は今でも、つねにみんなを喜ばせなければ、という思いで息がつまりそうになっている。「もし、まわりからどう思われるか気にしなくていいなら、どうしたい?」。この前、そう聞いてみた。するとエリカはすぐに、本当にしたいことをいくつもあげた。「最大のクライアントに、おたくのやり方には賛成できないとはっきり伝える」「郊外へ引っ越す」「自分の子どもをもつ」……。でも「どれも、勇気があればやりたいけど、ないから無理ね」とつけくわえた。

わたしたちの社会は、何世代にもわたってエリカのような女の子をつくりだしてきた。どの子も、一か八かやってみることを恐れる女性に成長し、周囲から認めてもらうために、自分の正直な気持ちを話すのを恐れ、思い切った選択をするのを恐れ、自分で成し遂げたことを自慢したり喜んだりするのを恐れ、自分が望むように生きるのを恐れている。言い換えれば、勇気をもつのを恐れている。

あなたも覚えがあるかもしれないが、女の子は毎日のように細々としたことを注意される。そして、優しく、愛想よく、お利口でいることを求められる。成績優秀だったり、ちゃんと手伝いをしたり、控えめだったり、協調性があったりすればいい子だと言われ、だらしなかったり自己主張したり目立ったりすれば注意される。

親も教師も、女の子には得意なことをさせ、ストレスがたまったり、失敗したりするかもしれないことからは遠ざけようとする。女の子はか弱く繊細——そういう考えがまかり通っているので、傷ついたり責められたりしないよう、知らず知らずのうちに守ろうと思ってしまうのだろう。

男の子なら、自由にあちこち探検してまわったり、汚れたり、転んだりしてもいい。失敗も許される。すべては、できるだけ早く〝たくましさ〟を身につけるためだ。世の中がこれだけ進んだ現代でも、男の子が優柔不断だったり用心深かったりか弱かったりするのは歓迎されない。涙を流したりすればなおさらだ。

わたしの夫は、21世紀に生きるフェミニストのはずだが、彼でさえそうだ。「たくましく育てる」ためと言っては、いつも息子のシャーンを荒っぽく扱い、夜中に泣いてもそのままにしておけと言う。一度、夫にこう聞いたことがある。「シャーンが女の子でも同じようにした？」。「そんなわけないだろう」。即答だった。

女性に対する数々のプレッシャーは、大人になったからといって消えてなくなるわけではない。むしろ、人生が複雑になっていくにつれて強くなっていく。多くの女性たちは、完璧な生徒や娘から、完璧な従業員、完璧な恋人、完璧な妻、完璧な母親になろうとする。でも、そうやっているうちは、どこか心が晴れず、ストレスがたまり、どうして幸せじゃないのだろうと考えるようにもなる。すべてちゃんとやってきたはずなのに、何が間違っていたのだろう?

空港、喫茶店、会議、ネイルサロン……、出かけた先でこのテーマについて話しかけると、女性たちは決まって、さもありなんといった顔でため息をついたり目をくるりとまわしたり、うなずいたり、笑ったり、悲しそうな顔をしたりしながら、自分の話をしてくれる。年齢を問わず多くの女性が、心に抱いたまま実現できずにいる夢や目標について話してくれる。人種や仕事、経済状況、出身地に関係なく、これほどたくさんの女性が同じような思いでいることに驚く。

みんな、万事うまくこなさなければという思いにとらわれて生きている。インスタグラムにアップするのはパートナーが喜ぶもの(あるいは〝完璧な〟パートナーを見つけられるもの)でなければならない。なんでもこなせる子どもを育てなければならない。体型を維持して、〝年相応〟に見えるようにしておかなければならないし、オフィスでもつねに必死に努力しなくてはならない。仲間内やボランティア団体や地域内やジム、その他ありとあらゆる場所でも同じだ。

だからこの章では、女の子が女性になっていくなかで、どのように完璧主義が根づき、形づくられていったのかを整理しておきたい。それを知ることが、後悔だらけの道から抜けだし、いちばんなりたい自分になっていくための最初の一歩だから。

刷りこみの始まり

すでにお話ししたように、女性は生まれてからずっと「愛想がよくて誰からも好かれる」よう期待される。自覚のあるなしにかかわらず、人はベビー服の色だけで本能的にこう思ってしまう——ピンク色ならお砂糖とスパイスでできているお菓子みたいな女の子、ブルーならたくましい坊や。ときには、服の色以外でも勝手に思いこんでしまう。ある研究によると、乳児に中間色の服を着せたところ、その子が泣きわめいたり怒ったりしていれば男の子、ニコニコと楽しそうにしていれば女の子と考える大人が多かったという。

女の子が失敗を恐れ、勇気を出すのをやめるのは、だいたい8歳くらいからだ。そのころちょうど、内なる批評家が顔を出しはじめ、自分が他人よりも劣っていることをいちいち教えてくるようになるせいだ。〈あー、失敗しちゃった〉〈恥ずかしい〉……。

著名な臨床心理学者にしてスクールカウンセラーのキャサリン・ステイナー＝アデアは、ハーバード大学メディカル・スクールの研究員でもある。これまでに、数えきれないほどの女の子や若い女性とふれあい、完璧主義がいかに彼女たちを追いつめるかを目の当たりにしてきた。

その彼女いわく、子どもは8歳ごろから、能力や機敏さが大事だと気づきはじめる。「女の子はそのころになると、いろいろなことに興味をもち、自分と興味が同じ子どもと仲よくなりたがります。また、違いを意識し、優れている人やものについて考えるようにもなっていきます」

学校でも、このくらいの年齢から優劣をつけられ、点数化されていく。サッカーでも算数でも音楽でもそうだ。キャサリンは言う。「女の子が、上手じゃないと言われたことに挑戦するには、ものすごい勇気と自信が必要になります。その結果Cをとろうものなら嫌いになって当然でしょう。そうやって、ますます勇気が失せていくのです」

女の子は、成長するにつれてどんどん敏感になっていく。このころから、母親が自らを他人と比べているのを見たり（「わたしもあんなふうにジーンズをはきこなしたいわ」）、他の女性を批判するのを聞いたり（「彼女、あんなの着ちゃダメよね」）するようになる。そしていつの間にか、自分がかわいいかそうじゃないか、頭はいいか普通か、人気があるかないかといったことを気にするようになっていく。

つまり、先生や親に深く刷りこまれていることが、無意識のうちに女の子たちの手本となってしまっているのだ。キャサリンは、自分の経験も話してくれた。娘が小学校3年生だったとき、ある母親が娘のクラスメイトに「あなたの髪、とってもきれいね」と声をかけたら、とたんに何人かの子が足を止め、眉間に皺を寄せたという。まるで「じゃあ、あたしの髪はどうなの？　傷んでるの？」というように。

大人になっても、女性にはずっとそんなことが続いていく。

〈みんなを喜ばせるのがいい子〉

多くの女性と同じで、わたしも子どものころから「手伝いをしなさい」「言うことをよく聞きなさい」「自分よりもまず他の人の気持ちを思いやりなさい」と言われてきた。おまけに、16歳になるまでデートはダメと言われていた。メイク禁止、胸の谷間が見えるような服もダメ、門限は午後10時……、わたしはいつも家族の期待に沿って行動した。

わが家はインドの風習に則っているので、目上の人に挨拶をするときは、その人の足に触って敬意を表する。だから、友だちと学校から帰ってきて、どこかのおばさんが家にきてお茶をしていたら、友だちの前でたまらなく恥ずかしくても、おばさんの足にちゃんと触った。両親の面目を失わせるようなことは夢にもしようと思わなかった。

親戚みんなで食事をするとき、支度や片付けを手伝うのは姉とわたしだった。いとこの男の子たちはどうして誰も手伝えと言われないの？　なんて考えもしなかった。それに、本当は友だちと外で遊びたいのに、いつもとなりの家の（わがままな）子どもたちの面倒をみていた。わたしだけでなく、同じ年くらいの女の子はみんな、そんなふうだった。

すべては、完璧な娘、完璧な恋人、完璧な従業員、完璧な母親になるためのステップだった。わたしも友だちもみんな、素直な女の子から素直な女性になることを期待され、そのあともずっと、自分の存在価値を他の人に証明しつづけなくちゃいけなかった。自分の感情を抑え、周囲に合わせ、愛想よくふるまうことで。

女の子の「人を喜ばせたい」という思いがいかに強いかを示した実験がある。ＡＢＣニュースが、カリフォルニア大学の心理学者キャンベル・リーパーに協力してもらい、男の子と女の子それぞれのグループに、（砂糖のかわりに塩を加えた）恐ろしい味のレモネードを飲んでもらって感想を聞いた。すると、男の子たちは口をつけたとたんに「ウッヘー……激マズ！」と言った。ところが女の子たちは揃いも揃って笑顔を崩さず、しっかりと飲みさえした。どうしてまずいと言わなかったのか？　実験者が何度も尋ねてようやく教えてもらった答えは「実験者の気分を害したくなかったから」だった。

女の子はこんなふうに、人を喜ばせるために「正しい」答えを探しがちだ。先生／親／友だち／彼が望んでいるように答えるべきか、それとも本心をはっきり言うべきかと考えた末、たいていは相手が気に入りそうな答えを選ぶのだ。

そのうえ、女の子は何か頼みごとをされると、男の子よりもはるかに高い確率でイエスと言う。本当はノーと言いたいとき（さらには言うべきとき）でも。女の子にとって〝協調性〟はものすごく大事。「本当はやりたくなかったり、やる時間がないのに、友だちから頼みごとをされたらどうする？」。そう聞けば、ほぼすべての子が、とりあえずは引き受けると答えるだろう。14歳になるそばかす顔のハリーはその理由について、「あったりまえ」というように肩をすくめながら、見事に答えてくれた。「友だちからヤな女って思われたい子なんかいるわけないって。そんな子、ひとりもいないよ」

イエスと言わなければいけない、というプレッシャーは、成長するにつれて強くなっていく。弁護士として長時間働いているダイナも、息子のクラスの保護者代表になることに同意し、あとで後悔した。多くの女性が、他の人のために自分の時間を使い、心を配り、ときにはお金すら注ぎこんでいる。それもひとえに、他の人の気持ちを傷つけたくない、と思うからだ（本音は、他の人から悪く思われたくないからだけど）。

いっぽう男性は、子どもも大人も、そんなふうに感じることがあまりない。衣料品店の店長を務める44歳のジャネットは、建設業者の夫が送る仕事のメールを読むたびに、率直で味気ない文面に不安を覚えるという。要件や見解や批判を伝えるだけで、あいさつの言葉はなし。「よろしくお願いします」や「ありがとう」すらなし。以前、仕事相手に出すメールは、相手の気分を害さないようにもう少し柔らかい表現にしたら、と言ってみたが、夫の返事は「好かれるのは俺の仕事じゃない。言いたいことをちゃんと伝えるのが仕事だ」だった。

ジャネットが上司や同僚へメールを送るときはいつも、親しみのこもった時候の挨拶や感謝の言葉をちりばめ、笑顔の絵文字を入れることさえある。どのメールも、最低でも3回は読み直してからやっと送信ボタンをクリックする。「夫はそんなわたしを神経質だって思ってる。慎重なだけだと思うんだけど……。いや、ホントのところ、そこまで気をつかうのは、相手に嫌な思いをさせたり、気分を害されたりしたくないからなんだけど」

わたしも、エグゼクティブコーチ（経営層にサポートやアドバイスをする人）からいつも、「好かれることに重きを置きすぎ」と言われる。彼女は、自分の顧客（大成功している男性CEOたち）にそんなことは言わない。その必要がないからだ。彼らのロールモデルはスティーブ・ジョブズやジェフ・ベゾスといった、人を喜ばせることなど眼中にない人物ばかり。好かれようが嫌われようが意に介さない。

それでもわたしはやっぱり、好かれるかどうかが気になって仕方ない。下院議員に立候補したときは世間からの批判にも耐えられたけれど、日常となるととたんに、チームの面々に好かれているかどうかが不安でたまらなくなる。これまでで最高の上司だと思ってもらいたいから、なかなか批判できない。それではいけないとわかっているから注意はするものの、力を加減してしまったことが何度もある。

プライベートでも、友人と意見が違ったり、両親や夫がわたしに腹を立てていると感じると、気持ちがぐちゃぐちゃになる。同僚や知り合い、果ては見ず知らずの人にまで、わたしの言葉をどう受けとられたかが気になって、まんじりともせずに過ごしたりする。

ちょうど昨日も、サンドイッチを買おうと並んでいたら割りこまれ、すごくむかついたのに何も言わなかった。うるさいやつだと思われるのが嫌だったし、相手の男性は赤の他人で、もう二度と会うこともないだろうと思ったから。心の中では正反対のことを思っていながら、相手の気分を害さないように当たりさわりのないことを言うこともよくある（まさにまずいレモネードの実験と同じ）。あなたは、そんなことない？

もちろん、こんなふうに人を喜ばせることに終始しているのは百害あって一利なし。これが続けば、あっという間に人のことばかり考える人生になり、自分が本当にほしいもの、必要なもの、信じたいものがわからなくなってしまう。自分にふさわしいものも。

それなのに、世の多くの女性が、好かれるために妥協したり我慢したりするのを当たり前にしてしまっている。じつのところ、誰からも好かれようと躍起になっていると、かえって好かれなくなることが多いのに……。

でも、もし、まわりの人ではなくまず自分のことを考える勇気をもてるようになれば（きっとできる！）、自分で自分の人生を綴れる作家になれるだろう。

（男の子は勇ましく、女の子は愛らしく）

あれは、5月下旬のある晴れた土曜の朝だった。わたしはマンハッタンにある公園のベンチに座り、夫のニハルと当時1歳4か月だった息子シャーンが遊んでいるのを眺めていた。雲梯《うんてい》からジャングルジムへとたどたどしく行ったり来たりしているシャーンのシャツはいちごアイスまみれで、顔には鼻くそもついていた。でも、息子もわたしもまるで気にしていなかった。息子は、まだバランスをとるのが難しかった。公園の端から端までよちよち歩くあいだ二、三度転んだけれど、夫はただ自分で立ち上がって歩きだすのをじっと待っていた。大きなすべり台からすべるのを恐がる息子に、こんなことも言った。「おまえならできるよ……もう大きいだろ……恐くないから！」
近くでは、息子よりもう少し大きい男の子たちが木の枝を使って決闘ごっこをしたり、追いかけっこをしたりしていた。楽しそうな声が響き、どの子の膝も肘も汚れてかさかさになっている。小学生の男の子たちらしい姿だ。

いっぽう、奥の砂場では、3歳くらいの女の子が5人、静かに遊んでいた。どの子もアイスで汚れたシャツなんて着ていなかったし、鼻くそひとつついてない。みんな、きれいでかわいらしい服を着て、順番に砂をすくってはケーキをつくっていた。そんな様子を、母親たちはすぐそばで見つめ、10分おきに、3人の母親がひとりずつ砂場へ入っていった。ひとりは、ずれてしまった娘のヘアバンドを直してやり、もうひとりは、他の子のシャベルをとったのを「いけないことよ」と叱った。3人目が飛んでいったのは、娘の〝ケーキ〟が崩れたからだった。その母親は急いで娘に手を貸して〝ケーキ〟をつくり直しながら慰め、涙を拭《ぬぐ》ってやった。〝ケーキ〟が出来上がると娘はにっこりし、母親は誇らしげに顔を輝かせた。

「いい子ね！」

全部、本当の話だ。

目の前で、約1年にわたってわたしが読んだり、調べたり、注目してきたり、専門家に取材してきたりしたことがほぼすべて繰り広げられていた。こうすれば男の子は勇敢になり、女の子は完璧になるという典型的な例が、わが家から10分も離れていない小さな公園にあったのだ。わたしたち大人は、思いやりがあって、愛想がよくて、完璧な女の子をほめると同時に、勇敢なのは男の子だけでいいとあからさまに伝えている。

その日のことをきっかけに、わたしは、数か月前に息子の水泳教室で目にしたことも思い出した。そこでは、および腰になっている男の子たちの親が一様に「怖がるな」と声をかけ、息子がいちばん深いところに飛びこむと大喜びしていた。けれど、女の子が飛びこみを恐がったときは、優しくなぐさめていた。「大丈夫よ……さあ、ママの手を握って……お顔は濡らさなくていいから」。理解不能だった。どうやったら顔を濡らさずに泳げるの?

こうした傾向は、研究からも明らかになっている。親の多くは、息子には遠くから励ましたり指示するだけで、目の前の問題に自力で対処させるのに対し、娘にはすぐそばで実際に手を貸したり、慎重に行動するよう注意したりする。

こうしたパターンが容易になくならないのは、親がこのパターンから逸《そ》れると社会的に罰せられるからでもある。

ケリーという女性が、こんな話をしてくれた。彼女が息子と娘を連れて、複数の家族とオレゴンへ旅行に行ったときのことだ。みんなでマウンテンバイクで走り、岩肌が天然のすべり台のような水辺の崖《がけ》を登った。ガイドが手を貸してくれたおかげで、子どもたちも全員、崖の上に到達した。そのあと、ガイドの男性が子どもたちに、崖をすべり降りてごらんと言った。男の子たちはみんなすぐにすべっていったが、ケリーの娘は恐がった。するとガイドは、すべりたくなかったら無理にすべらなくていいよと優しく声をかけ、娘を崖から降ろしてやった。男の子たちの背中を押したのとは大違いだった。

でもケリーは、娘がふだんは恐いもの知らずなのを知っていた。だからずっと、崖の下から娘に向かって叫んだ。「すべってごらん！」そして、ガイドが男の子たちにしたように娘の背中を押すつもりがないとわかると、声を張りあげた。「背中を押してやって！」。まわりの親たちはギョッとしたという。「いっしょに旅行に行った大人みんなから、白い目で見られたわ。他人に自分の娘の背中を押させてまであんなことをさせるなんて、と思われているのが露骨にわかった。世間では、娘にあんなことをさせちゃいけないのよ」

男の子はたくましくて意気さかん。女の子は傷つきやすいから守ってあげる——こうした思いこみは広く深く浸透している。２０１７年、世界保健機関（ＷＨＯ）がジョンズ・ホプキンズ・ブルームバーグ公衆衛生大学院と共同で行なった調査の結果によると、アメリカから中国、ナイジェリアまで、世界15か国のどの国でも、男女にまつわる思いこみが、まかり通っていた。

「女の子はか弱い」という考え方は、公園を飛びだして、小学校の教室にまで広がっている。

答えが間違っているとかそれは失敗だとか言われた女の子は、その非難の言葉だけを胸に刻む。そして、火矢に胸を貫かれたかのように心を痛め、「間違えちゃった」という気持ちから一気に「あたしは最低」「もう頑張るのなんかやめよう」というところまでいってしまう。「次はもっとうまくできる」という気持ちにはならないのだ。

これもやっぱり大人の責任が大きい。大半の大人は、女の子の繊細な心を傷つけないよう、きついことを言うのを控える。よりしっかりと守り、より優しく接し、より「安全な」ほうへ導く。それが結果的に、女の子たちの「やればできる」という気持ちをさらに萎えさせているのだ。つらいことから守られてばかりいたら、大人になって本当の批判や挫折を前にしたときに、どうやってしっかりと立ち直る力を身につけるというのだろう。

では男の子は？　大人は、男の子には余計な気をつかわず、言いたいことをはっきり言う。「ガールズ・フー・コード」のインストラクターで、職業訓練学校で教鞭もとっているブラッド・ブロックミューラーは、「職業訓練学校では、生徒の性別に応じて話し方を変えなければいけないという考えが蔓延しているよ」と言った。「男子生徒は、挑戦して失敗しても、立ち直って挑戦を続ける。だけど女子生徒が失敗したときは、まずうまくできたことを認めてあげなくちゃならない。それから何がまずいのかを教えて、励ましてやる」

ネットワークケーブルを作成する授業のとき、ある女子生徒がうまくできずにイライラしていたときもそうだったという。「彼女はもう諦めようとしていた。だから、なんとかして続けさせようと、『途中まではちゃんとできてるんだし、あと少しで完成だから』って必死に励ましたよ。男子生徒も何人か、うまくできないってぼくのところにケーブルを持ってきたけど、彼らにはハサミでコードの先端を切り落としてこう言っただけ。『ダメだ、間違ってる。やり直し』。それで男子生徒はちゃんとやり直した」

ブラッドはいま、女子のバスケットボールチームのコーチもしているが、そこでも、男子とはずいぶん違うことに気づいたそうだ。「女子相手だと、いつも肯定しなくちゃいけない。否定したり批判したりしようものなら、たちまち心を閉ざされて、どうやってもその殻を破ることはできないから。男子なら、負けても『たった一度の試合じゃないか』ですむけど、女子にとっては、試合で負けることとイコール自分が個人的に打ち負かされることなんだ。だから、『どうしてわたしはバスケなんかしてるんだろう』とまで考えたりする」

リンカーン女子中学校の校長を務めるデビー・ハニーにも話を聞いた。娘に〝失敗から立ち直ることを教えたい〟という思いと、〝失敗して傷つくことから守ってやりたい〟という思いの間で悩む親を数多く見てきた彼女が言うには、娘がテストで64点をとるとすぐさま乗りこんでくるような親は、どうすれば娘がもっと成績を上げられるのかとか、テストをやり直せるのかとかいったことばかり気にする。「長い学生生活ではこんなこともあると説明しようとするのですが、親御さんは、無理からぬことですが、目の前のことで頭がいっぱいなんです。失敗をさせることの大切さを納得してもらうのは容易ではありません」

がっかりしたり傷ついたりしないよう女の子を守りたい、という強い思いは深刻だ。でも、さらに深刻なのは、その影響が長期にわたること。このことは、大人になった女性の多くが実感しているはずだ。わたしたちは、失敗すると考えるだけでゾッとする。その失敗が、たとえちょっとした間違いでも。それもこれも、生きていく上で必要な〝立ち直る力〟を身につける経験が乏しいせいだ。

でも安心して。まだ間に合うから。その気さえあれば、立ち直る力は誰でも身につけられる。あとの章で、その具体的な方法も紹介しよう。

（100かゼロか）

初めて「ガールズ・フー・コード」のプログラムに取り組む女の子はたいてい、うまくできなかったらどうしようという不安を抱えている――これは、プログラムに携わる指導者が全員、口を揃えて言うことだ。

あるとき、プログラミングの勉強を始めて間もない女の子が、どうしていいかわかりませんと言ってきた。そこで、指導者が彼女のテキストエディタを見ると、何も入力されていなかった。その子はそれまでの20分間、ただひたすら画面を眺めていただけではない。コードを書いては削除していて、あと一歩のところまできていた。それなのに、完璧なコードを書き上げられなかったという理由で、それまでの過程を見せるかわりに、真っ白な画面を見せることを選んだのだ。

100かゼロか。

心理学者のメレディス・グロスマンは、マンハッタンのアッパーイーストサイドで活躍している。ここは私立学校が多い学生街で競争も激しいので、生徒たちのストレスは間違いなく世界トップクラスだ。グロスマン博士はそんな中で、多くの女の子が不安に対処できるようサポートしている。そこでわたしは、博士が日常的に目にしていることを教えてもらった。

博士はこう言った。「面白いことに、彼女たちは何事にも全力投球してるのに、自分のことをすごく過小評価しているの。とても聡明な女の子を何人も見てきた。みんな、たいていの大人よりはるかにいいレポートを書くわ。それなのにいつも『こんなもの、とてもじゃないけど提出できない』って言う。みんな5回は平気で書き直すし、自分が完璧だと思えないものを提出するくらいなら、締め切りを延ばしてくださいって頼むほうがいいって言うの」

彼女たちは、一段落あるいは一枚を書いては推敲し、完璧だと思ったら次へ進む。けれど、その過剰なまでの努力が報われることはめったになく、ただひたすらこれを繰り返す。
「完璧が、さらなる完璧を求める気持ちを生むのよ」とグロスマン博士は説明してくれた。
「毎回毎回、涙ぐましい努力をしたり、レポートなりなんなりを何回も書き直していい成績をとる生徒は、その次もいい成績をとるには同じようにしなくちゃいけないって強く思いこむようになるの」

疲れて目がかすむまでレポートを書き直す子もいれば、メールや報告書やただのバースデーカードでさえ、きちんと書けているか何度も読み直す子もいるという。彼女たちだけではない。世の中には、何週間も前から、みんなが喜んでくれる、非の打ちどころのないパーティや家族旅行を計画したり、出かける前に6回も着替えたりするような女性がいる。でも、そうやってやり直し、さらなる工夫をこらしていると、行き過ぎて強迫観念にとらわれたり、焦って空まわりしたりして、結局最後までやり遂げられずに終わることが多い。

学校でも、コミュニティセンターでも、わたしは講演をする際に必ず、聞いてくれる女の子たちに同じ質問をする。「完璧を目指して頑張っている人は手をあげて」。すると、ほぼ毎回、参加者の99％が手をあげる。それも、恥ずかしそうにではなく、ニコニコしながら。みんな、完璧を目指して頑張ることは誇らしいことだと信じこんでいる。完璧を目指して頑張ればほめられるせいで、完璧なのはいいことだと思っている！

思い出してほしい。あなたの親があなたをほめあげるのは、いい成績をとったり、行儀よくして人に好かれたり、話をちゃんと聞いたり、愛想よくしたり、手伝いをしたり、通知表で高い評価をとったりしたときだったのでは？　あなたは頭がよくて才能があるのよ、かわいくて誰からも好かれるのよ、などといつも言い聞かせる親も多い。すると娘は、そんな言葉にちゃんと応えるべく、それを名誉のバッジよろしく身につけようとする。世の娘たちが完璧という選択肢しか受け入れられないと思うようになるのも当然だろう。

完璧な女の子の世界では、友だちから批判されるのが何より恥ずかしい。だから、たとえば完璧なポーズで隅々にまで注意を払って加工した画像でなければ、ソーシャルメディアに投稿しない。確実に実物以上によく見えるまで、彼女たちは何回でも撮り直す。

ある17歳の女性は、軽度の強皮症を患っていた。これは自己免疫疾患《じこめんえきしっかん》で、皮膚が硬くなる。その影響で額に小さな発疹があった。けれど、彼女は1時間もかけて必死に自撮り写真を加工し、発疹が絶対にわからないように長い前髪で隠した。事態をさらに深刻にしているのは、最近流行りの、加工の対極をいく「フィルターなし」投稿だ。これのせいで、フィルターなしで納得のいく自撮りをしなくてはならないという、とんでもないプレッシャーが生じている。

成績に傷がつくのは嫌だから、いい成績を確実にとれる自信がない科目は選択しない、という女子も多い。たとえどんなに好きな科目でも。この傾向は大学に入っても変わらず、そのせいで、愛着をもてるかもしれない仕事への扉を閉ざしてしまっている。経済学を専攻する学生の男女比が三対一なのも、偶然ではないだろう。ハーバード大学の経済学教授クラウディア・ゴルディンの調査研究によれば、経済学の入門クラスでBをとった女子学生は、Aをとった学生に比べて専攻を変える可能性がはるかに高い（男子学生の場合は、Bでも気にせず、そのままずっと経済学を専攻する）。

女性にとって〝頭が悪い〟と思われるのは大問題だ。前述したように、完璧な女の子の世界では、友だちから批判されるのが何より恥ずかしいことだから。女の子が勇気を出して何かをやってみようと思うときにも、これが大きな障害のひとつとなっている。

デスティニーは昔から数学が苦手だったけれど、中学校時代に、苦手を通り越して大嫌いになってしまった。「黒板の前に立って問題を解こうと頑張ってたら、男子たちから『バッカじゃねえの』って言われたり、笑われたりして、頭が真っ白になったの。あのときから、もう数学なんてやりたくないって思うようになった。一生懸命問題を解こうと頑張ったのに解けなかっただけで、どうしてあんなにやじられなきゃならないの？」

デスティニーの気持ちはよくわかる。わたしもイェール・ロー・スクール時代、とにかく肩身が狭かった。わたしはイリノイ州のシャンバーグという片田舎の出身で、地元コミュニティからアイビー・リーグの大学院に進学する初めての学生のひとりだったから。ロー・スクールのクラスメイトたちは全員、頭がよくて、すばらしく弁が立って、つけいる隙などないように見えた。それでも、自分が彼らよりも劣っていると思われたくなかった。そこで、言いたいことがあったら、まずは一言一句正確にノートに書きだすことにした。それを何度も何度も書き直した。でも、そうやってようやく手をあげる勇気が出たときには、授業はたいていもう終わっていた。

こういう無意味な不安は、教室の外でも見られる。アマンダは高校でラクロスをやってみたかったのに、やらなかった。本人いわく「運動神経が悪かった」から。彼女は、わたしがよく耳にする女性たちの思いを簡潔に表現した。「うまくできないなら、やりたくないの」女子の多くは、失敗を〝ダメなもの〟と決めてかかっている。すべてを、白か黒か、100かゼロかで判断している。

（硬直マインドにご用心）

ラクロスをやろうとは思わない、と言ったときのアマンダは、誰もがよく知る考え方に陥っていた。それを見事に説明しているのが、スタンフォード大学の心理学者キャロル・S・ドゥエックの名著『マインドセット「やればできる！」の研究』（草思社）だ。この中でドゥエックは、能力や知性にはふたつの異なる思考パターンがあることを明らかにしている。

ひとつは〝硬直マインド〟だ。このタイプの人は、「自分の能力は生まれつきのもので変わらない」と信じている。頭がよくてもよくなくても、才能があってもなくても、運動神経がよくても悪くても、自分ではどうすることもできない、と。そしてもうひとつは、〝しなやかマインド〟だ。このタイプの人は「努力すれば能力は伸ばせる」と信じている。持って生まれた能力や才能に関係なく、スキルを身につけ、向上させることができる、と。

ためしに、硬直マインドの特徴をあげてみよう。

- 自分が有能だと示すのに必死。
- 間違えたり失敗したりするのをひどく心配する。
- 欠点をさらすのを嫌がる。
- 完璧でないのは恥ずかしいことだと考える。
- 自分ならなんでもすぐにうまくできると思っている。それでいてうまくできないと、興味を失ったり、努力した自分を戒めたりする。

- 失敗を人の価値の尺度と考え、それで相手を決めつけがち。
- 結果にばかり執着する。その過程で成し遂げたことや学んだことはどうでもよく、目標を達成できなければ失敗とみなす。そして、失敗するのは、頭が悪かったり、才能がなかったり、力不足だったりするからだと考える。

あなたは身に覚えがない？

たとえば、硬直マインドの人に、あなたは頭がいいですねとか、才能がありますねなどと言うと、彼らはその言葉をそのまま事実として心に刻む。だったら前向きな自尊心を育んでいけそうに思えるけれど、問題は、持って生まれた（と思っている）能力をほめられたあとで挫折すると、自尊心があっという間に崩れ去ってしまうところにある。自分は生まれつき頭がいい（才能がある）と思ってたけどそうじゃないんだ、と考えてしまうのだ。

人にはそれぞれ心地よくいられる範囲（快適空間《コンフォートゾーン》）があるが、硬直マインドの人は、その外に出て挑戦することができない。あなたはどう？　これまでに、面白そうだと思ったり、じつはずっと前から関心をもっていたことがあったのに、「そんな才能はない」と言い訳をしてやらなかったり、せっかくの招待や機会を「自分のがらじゃない」と断ったりしたことはない？　あるとしたら、それらはみんな硬直マインドのしわざだ。

ご想像のとおり、女の子は硬直マインドに陥りやすい。ドゥエックの研究によれば、その理由のひとつは、両親や教師が、男の子にするように過程をほめてくれないせいだ。男の子は、結果よりも努力をしたこと、いろいろ試したこと、途中で投げださなかったこと、よくなったことをほめられる。なのに女の子は、そういう点をほめてもらうことが少ないので、成果が得られないと「自分はダメなんだ」と思いこんでしまう。

これが、大人になってどんな影響をおよぼすかはおわかりだろう。日々の些細なミスでさえ、自分はダメな人間だと思ってしまうのだ。子どもに頼まれていた文房具を買うのを忘れた＝ダメな母親だ。テールランプを修理してもらうのを忘れていて違反切符を切られた＝自分はどうしようもない。こんなふうに、失敗するたびに、自分は価値のない人間だと決めてかかる。自分も自分の能力も発展途上だとは思わないのだ。

女の子にコーディングを教える団体を立ち上げたわたしは、「数学が苦手だから」という決まり文句を山ほど耳にしてきた。数学の問題がなかなか解けないのを男子にからかわれたデスティニーもそうだった。コーディングの授業でせっかく途中まで頑張って書いたのに、それを削除した女の子もそうだった。彼女たちがＳＴＥＭから離れていくのは、興味がないからでも能力がないからでもない。自分はＳＴＥＭが苦手だと思いこんでいるからだ。男の子は生まれつき数学やプログラミングが得意で（そんなことはない）、女の子はもともと人文科学のほうが向いている（これも、そんなことはない）などと、あからさまに、あるいは知らぬ間に刷りこまれることで、自分にはSTEMの能力がないと信じているのだ。

もちろん、それは事実じゃない。生まれながらに硬直マインドの人などいない、とキャロル・ドゥエックも指摘している。生まれてくるときは誰もが、学んだり成長したりしたいという気持ちをもっている。

今ここで勇気をもってしっかり軌道修正すれば、誰でも、生まれたときにもっていた気持ちをとり戻すことができる。

（封じられる声）

1月下旬、薄曇りの午後、会議用のテーブルを囲んで、ハーレムの女子高生たちと話をした。いちばん自己主張が強いのはキム。彼女は背筋を伸ばし、女子高生らしからぬ存在感を放って座っていた。どこから見ても自信にあふれ、落ち着き払っている。だから、心の内を打ち明けてくれたときにはびっくりした。

「女子が自分の意見を言うときは、いつだって偉そうだって思われて、あしざまに言われる気がします。とくに、黒人で女子のわたしが自己主張しても、男子はまるで相手にしてくれない。これが男子だと、ものすごくできるヤツみたいに思われるのに、わたしだと、黒人の女子がカッカしてるぜ、で終わっちゃう。やっぱ女子は肌の色が薄くなくちゃな、なんてバカなことを言ってくる男子もいて……わたしが話しかけても、何か文句言ってるぜの一言だけで、無視されるんです」

「でも、あなた、すごく弁が立つじゃない」と、わたしは言った。「あなたでも、男子のそういう態度が気になるの？」

「なりますよ。ひどい目にあいたがってるとでも思ってるんですか」

キムの声はかすかに震えていた。一瞬、間があり、二、三度強くまばたきをしてから、彼女は言葉を継いだ。自分をこきおろそうとする男子とやりあうより、黙っているほうが楽なことに気づいた、と。

「みんなは、わたしが気にしてないと思ってるけど、そんなことない。わたしが何か言うだけで、おおごとになる気がするんです。そうすると、みんなもそれに乗っかって、ああだこうだ言ってくるから、もうどうでもいいやって感じなだけ」

いっしょにテーブルを囲んでいた残りの7人が揃って、「わかる」といわんばかりに頷いた。でしゃばるな、余計なことを言うな、不機嫌だとか態度がでかいだとか思われそうなことはとくに絶対に言うな、というわけだ。なるほど。

嫌なことをされても怒りをあらわにするなと教えられてきた女の子は、偉そうだと思われたり、ひどい言い合いになってつらい思いをしたりするくらいならと、波風を立てないようになる。自分の持っている力を存分に発揮することなく、ネガティブな感情を飲みこんでしまう。

愛想も人当たりも行儀もよければ、親や教師からほめられるけれど、堂々と自分の意見を言えばみんなから嫌な思いをさせられる。女性の多くが、子どものころにほめられたおとなしさを生涯にわたる習慣にし、進んで発言したり、思い切って冒険したりしたいという思いを抑えつけてしまうのも無理はない。男性が知識をひけらかしたり、女性を見下したりするせいもあるが、会議で女性が発言する時間が男性より75％も少ないという研究結果は、当然と言えば当然だろう。

ある小学校の卒業式での話を聞いた。その日、成績がよかったり、リーダーシップを発揮したりした子どもたちが表彰されたのだが、男子は名前を呼ばれるとガッツポーズを決め、さも自慢げにふんぞり返って壇上へ歩いていくのに対し、女子はこぞって両手を顔に当て、「え、うそ、わたし？　本当にわたしが賞なんてもらえるの？」とでも言うように、驚いた表情をしたという。

どうして、女子もガッツポーズを決めないのだろう。もちろん、女の子にとっては、そんな挑発的な真似はとてつもなく悪いことで、そんなことをしようものならすぐさま、うぬぼれていると思われるからだ。女の子はいつも卑下し、遠慮し、本心を隠す。これが10年、20年、30年たつと、なんともやりきれない従順さに変わっていく。

女性は、自分が仕事で成し遂げたことをアピールするなんて身のほど知らずだと思うのに（そんなことをすれば、きまって他の人から批判される）、男性は誇らしげに言ってまわる。女性は自分の能力を過小評価し、１００％やれると確信がもてない仕事には挑戦しようとしないけれど、男性は60％ほど満たせれば積極的に挑戦していく。また、マサチューセッツ大学のミシェル・ヘインズとニューヨーク大学のマデリーン・ヘイルマンによる興味深い研究によれば、共同プロジェクトの場合、女性は往々にして男性に花をもたせるという。

人気膚科医のバネッサは38歳。実力を存分に発揮するタイプなので、彼女なら、自分の業績を誇示するのもためらったりしないと思うだろう。ところが……。

ある日、歯のクリーニングでかかりつけ医（年配の男性）のところに行ったときのこと。バネッサの仕事を聞くや、彼は研修医をしている息子の自慢話を始めたという。「わたしが診察台に座ったままなのをいいことに、自分の息子に電話しろって何度も言うの。息子なら君にいいアドバイスをくれるだろうからって。『はあっ？』って感じよね。わたしが３人も医師を抱えるクリニックを経営していることや、全国誌で一流の医者として選ばれたことなんかどこ吹く風。あなたの息子さんがわたしに電話してアドバイスをもらうべきでしょ、って言いたかった。けど、勇気がなくて、おとなしく座ってたわ」

成功を手にしたければ、毅然とした態度で、自信をもって臨まなければならない。とはいえ、女性がそんなことをすればたちまち山のような非難を浴びるから、どうしても腰が引けてしまう。ほめられても謙遜してはぐらかす。わたし自身も、この点はなかなか直せずにいる。講演前には必ず、わたしの受賞歴などが読みあげられるが、それを受けたわたしはつい、冗談めかして、ひとえに父のおかげだと言う。男性ならまずそんなことはしないだろうに。

口数が少ない。おだやか。控えめ。まじめ。誰からも好かれる。愛想がいい——どれも子どものころに言われる分にはほめ言葉になるかもしれないけれど、成人女性にとっては必ずしもプラスにならない。

ところで、ここまで読んで、「親のわたしが娘をすっかりダメにしてしまった」と思ったり、「わたしがこんなふうになったのはお母さんのせいだったのね」と親に食ってかかろうとしている人がいたら、ちょっと待ってほしい。女性が幼いころからプレッシャーを感じるのは親のせいばかりではない。ここで理解してほしいのは、女性はこうあるべきという考えが、わたしたちの社会に深く浸透していること、だからこそ、そんな考えに染まらずにいるのがいかに難しいかということだ。

でも、あなたにも娘さんにも希望はある！　心理学者のメレディス・グロスマンはこう言っている。「親が悪いんじゃない。大事なのは、すでに染みついた考えに気づき、違う選択をすることです」

人はみな、ほんの少しずつ意識し、実践していくだけで、悪しき慣習を改め、正しいものを身につけていくことができるのだ。

2章

社会がかける
プレッシャー

今はガールズパワーの時代だ。熱い歌を歌うビヨンセ、テニスでエネルギッシュなプレーを見せるセリーナ・ウィリアムズ、『ハンガー・ゲーム』のカットニス・エヴァディーンや、『ワンダーウーマン』のような小説や映画の世界で活躍するスーパーヒロインまで、女性の文化は大きく変わりつつある。

新しい文化は、「女性も力を発揮できる。なんにでもなれるし、なんでもできる」と告げている。

でもじつは、こうした前向きなメッセージにも問題はある。ずば抜けて秀でた女性ばかりに焦点をあてると、少なくない女性は「これくらいすごくなきゃ」というプレッシャーを感じてしまうからだ。「あなたならなんでもできるし、なんにでもなれるのよ」という言葉が、彼女たちには「あなたはすべてをちゃんとやらなくちゃいけない」と聞こえてしまう。励ましではなく、過剰な期待だと思うのだ。

わたしの友人レイチェル・シモンズは、女の子の問題にかんする第一人者で、*The Curse of the Good Girl*（よい娘《こ》の呪い）というベストセラーの著者でもある。その彼女も、若い女性が大勢、心の健康を蝕まれている原因には、こうしたプレッシャーもあると言う。うつ病を患ったり強い不安感を抱いたりしている女性は急激に増えていて、彼女いわく、その背景には、女の子が日常的に抱えている、女性ならではの役割の葛藤がある。「大人は、こういう女の子こそすばらしいっていう理想像を教えてきた。でも、その理想像はアップデートされてなかった。図書館で毎日6時間勉強することを期待されている子が、どうやったら理想のボディを手に入れて、充実した週末を過ごせるっていうの？」

今どきの女子は、控えめでありながら一心不乱、人当たりがよくて大胆、協調性をもちつつ先んじて、強くてかわいいことを求められている！　しかも、努力のあとを一切見せずに、涼しい顔で！

ソフィはその典型例だ。彼女はすらりとした15歳で肌もつややか。にっこり笑うと口元から真っ白な歯がのぞく。歯並びも完璧。サッカーが飛び抜けてうまくて、中学1年生のときからずっと、学校の代表チームのメンバーだ。そのうえ、2年生のときの発表会では、『美女と野獣』の主人公ベルを演じたし、3年生のときには、競争率が高く、学校中の憧れの的である生徒会の役員にも選ばれた。当然、成績もオールA。落ち着いて自分の意見を堂々と言える姿に、誰もが感心する。

母親のダイナは娘が誇らしくてたまらない。けれど、じつはひどく心配もしている。ソフィがいつも、自分をめいっぱい追いこんでいるからだ。毎日夜明けとともに起き、ジムでトレーニングをしてから学校へ行く。夜は夜で、真夜中を過ぎても宿題をやっている（歯のホワイトニングとニキビ対策のフェイスマスクをしながら）。

他の人たちは、ソフィが万事うまくこなしているように思うかもしれないが、家族は、彼女がほぼ毎晩、ストレスや精神的な疲れから泣いているのを知っている。トレーニング、勉強、生徒会活動、完璧な外見の維持……。ソフィの時間とエネルギーはすべて、それらに注ぎこまれている。そうやって完璧な人間をつくりあげ、そのための努力は両親以外の誰にも見せない。

大胆に、勇敢になろう。でも、背伸びをしたり、他の人に嫌な思いをさせたりしないで。
自分の望むものを追い求めよう。でも、周囲に心配をかけない程度に。
自分の意見をはっきり言おう。でも、笑顔を忘れずに。

自分に見合わない給料で妥協をするのはやめよう。でも、昇給を求めるときは感じよく。一生懸命働こう。でも、〝頑張ってます感〟は出さずに。ソフィが無理を続けているのは、私たちの社会がこういう女性を求めているせいだ。

（ママみたいにきれいに）

何世代にもわたって、女性は失敗を怖れ、自分の意見をはっきり言うことを怖れ、規則を破ることを恐れてきた。わたしたちも、わたしたちの親も、そのまた親も、〝男はこうあるべき、女はこうあるべき〟という考えが当たり前の社会で生きてきた。

社会や文化による洗脳は、ごく幼いときから始まる。早ければ2歳半から性差による役割の違いを学んでいくが、その際大きな役割を果たすのは、おもちゃだ。研究によると、どんな遊びを選んでやるかが、子どもの考え方（自分自身や自分の能力のとらえ方）に影響を与えるという。しかもその影響は、成長して自分がどんな仕事を得意とするかといった考えにまでおよぶらしい。たんに、トラックで遊ぶか人形で遊ぶか、ピンクにするか青にするかといった問題にとどまらない。おもちゃを介して身につけていくさまざまな能力によって、男の子が好きで得意なのはこれ、女の子はこう、と性差による違いを刻みこまれていくのだ。

レゴやマインクラフトといった男の子向けのおもちゃやゲームの多くが目指しているのは、主として走ったり飛んだりといった運動機能や空間能力、つまり、これがあればSTEM科目がいずれ得意になるであろうと言われている三次元視覚化能力の発達だ。そのいっぽう、女の子向けのおもちゃが目指しているのは概して、同じ運動機能でも、書いたり手先を使って何かをつくったり、言語の発達を高めたり、他者とのかかわり方を学んだりするものだ。そんなのは過去の話でしょ、と思っているかもしれないが、カリフォルニア大学デービス校のエリザベス・スウィート教授の研究によれば、性別に基づいたおもちゃの販売戦略は、50年前（性差別が文化と切っても切れない関係にあったとき）よりも、今のほうがはるかに顕著だという。

もちろん、「プリンセス」の存在も忘れてはいけない。プリンセス映画やその関連商品が女の子に与える影響については近年、激しい議論が続いているが、そのなかでわたしが最も共感したのは、ブリガムヤング大学での研究だ。

この研究でサラ・M・コイン教授は、就学前の子ども198人を調査し、女の子の96%がなんらかの形で「プリンセス文化」に触れていたことを明らかにした。とくに興味深いのは、1年後の再調査の結果だ。より多くプリンセス映画を見たりプリンセス人形で遊んだりしている女の子ほど、典型的な女の子らしさを示したというのだ。そういう子が大事だと思っていたのは、「遊ぶときもきちんとした格好をする」「大きな声を出さない」「服が汚れるようなことはしない」「人の言うことを素直に聞く」「控えめ」「愛情に満ちている」「痩せている」「かわいい」「よく手伝う」といったことだった。また、自分を「プリンセス」だと思って成長した女性は、働くことへの関心が低く、困難に直面すると簡単に諦め、外見などの表面的なことにより高い価値をおいていたという別の研究結果もある。

2014年、*I Can Be a Computer Engineer*（わたしはコンピュータ・エンジニアになれる）というバービー人形の本が出た。勇気をもらえそうなタイトルだけど、数ページ進むと、バービーの妹スキッパーがこう言う。「お姉ちゃんのロボットの子犬、すっごくかわいいね。ねえ、わたしに動かさせて」。するとバービーは笑いながら答える。「わたしはデザインを考えてるだけよ。動かそうと思ったら、スティーブンやブライアンに手伝ってもらわなくちゃ」

さらに、このバービーはさらりと言う。「こういうのって、女の子は苦手だったり、難しくてよくわからなかったりするでしょ。コンピュータ関係が得意なのは男の子だから、技術系のことをやろうと思ったら、男の子に手伝ってもらわないとね」。技術の話になるとよく言われる最悪のパターンを、このバービーはなぞっている。

女の子たちは、やがておもちゃ遊びから卒業するが、そこで植えつけられた男らしさや女らしさは、大衆文化の洗礼を受けてどんどん強化されていく。なにしろ、ファッションから映画、新聞の見出しにいたるまで、あらゆるところに「男の子/女の子はこうあるべき」というメッセージがあふれている。ショーウィンドーを見れば、子ども用のTシャツの胸元に「ママみたいにきれいに」「パパみたいに賢く」と印字されている。小さな子どもたちが憧れるティーンエージャーの女の子がこぞって着ているのは、「フォーエバー21」のTシャツで、そこに書かれているのは「代数学アレルギー」という文字だ。

ある高校では、Mサイズ以下でなければレギンス着用禁止、さもないと太って見えると校長が発言し、物議をかもした。大統領選の際、討論会で堂々と主張したヒラリー・クリントンが「嫌な女」呼ばわりされたのも覚えているだろう。

では男の子は？　スーパーヒーローが活躍するマーベル映画から、テレビドラマの『シリコンバレー』にいたるまで、男の子が目にするのは、幼いころに受けとったメッセージ（心身ともに大胆であれ。勇敢であれ）をより強固にするものばかりだ。驚くのは、そうした男らしさのメッセージが、想像以上に彼らの行動に直結していることだ。カリフォルニア大学バークレー校ハース・スクール・オブ・ビジネスで、被験者（男子学生）たちに〝男らしさ〟にかんする本を読んでもらい、その後に再実験をしたところ、本を〝読んだだけ〟で、危ない橋を渡ろうという意欲が大幅に上昇していたという。

コメディエンヌのエイミー・シューマーは、男の子と女の子が受けとるメッセージが露骨に違うことに対して、インスタグラムで訴えかけた。その投稿には、雑誌売り場に並んで置かれた雑誌の「Girls' Life」と「Boys' Life」の画像がアップされていた。「Boys' Life」の表紙には太字で「未来を探そう」とあり、飛行機や消防士のヘルメット、顕微鏡、パソコン、人間の脳の写真が載っている。いっぽう、「Girls' Life」の表紙にはブロンドのかわいらしいティーンエージャーが写っている。女性誌のまわりに躍るキャッチフレーズは「朝からかわいく!」「きっと気に入る秋のファッション——初日から注目を浴びるスタイルが100通り以上」「最高の1年にしなくちゃ。思い切り楽しんで、友だちもつくって、オールAをとる秘訣」といった調子。まるで1950年代のようだけど、間違いなく2017年の表紙で、皮肉のつもりなどこれっぽっちもない。これらのメッセージに対するわたしの嫌悪感を、シューマーはたった一言で見事に伝えていた。「ノー」

いろいろ調べているうちに、短編小説を集めたウェブサイト(shortstoryguide.com)も見つけた。これは、中高生や教師が、テーマに応じた作品を探せるサイトだ。ためしに「勇気」で検索したところ、17作品がヒットしたものの、女性が主人公なのは4作品しかなかった。しかも主人公のひとりは、自分に襲いかかってきたライオンを撃って、さもひどいことをしてしまったかのようにふるまうプリンセス。もうひとりは天文学者の卵で、「メキシコの伝統的な馬術競技が行なわれている間、彼女は家族の手伝いをしなければならない。自分の夢としきたりの板挟み」とあった。かたや、男性の主人公たちはみんな勇敢だ。マフィアやナチスのスパイに立ち向かい、熊を狩り、ロシアの砦《とりで》を占領する。ひどいことをしたという思いは微塵《みじん》もなく、家族のために犠牲になることもない。

イギリスのオブザーバー紙が、アメリカの調査会社ニールセンと共同で調査を行なった。2017年に刊行され、とくに人気の高かった児童書100冊が対象で、それによると、現代文学においても、あからさまではないものの女性差別の傾向が見られた。たとえば女性は脇役が多く、主役になる確率は男性の半分。キャラクターが動物の場合、強くて恐ろしげな熊や竜や虎はたいていオスで、小さくて弱い鳥や猫や昆虫はメス。しかも、その100冊のうち、5分の1の20冊には、そもそも女性が登場していなかった。

男の子も女の子も、モデルにするのは自分たちが目にするものだ。人権活動家マリアン・ライト・エデルマンの有名な言葉がある。「見えないものには、なれない」。映画やテレビには、冴えない男の子が失恋をしたあと起業して大成功するといった話がよくあるが、同じような話で女の子を主人公にしたものはない。

技術に興味をもつ女子が増えないのはなぜかという議論でよく言われるのは、「ブログラマー」のイメージだ。メディアが描く彼らは、頭はキレるが社会性に欠け、いつもパーカーを着ている、コンピュータオタクの若い白人男性だ。女の子たちはそれを見て言う。「うーん、パスかな。あんなふうにはなりたくないもん」

かわりに女の子たちが見るのはリアリティ番組だ。『リアル・ハウスワイブス・オブ・ニュージャージー』（ニューヨーク版も、ビバリーヒルズ版も、アトランタ版もある）では、女性同士が足の引っぱり合いをしたり、テーブル越しに罵《のの》り合ったりする。ひとりの男性をめぐって女性たちが競う『バチェラー』でも、出演女性たちはいがみ合う。もちろん、その他の番組でも、権力を手にする女性はしょっちゅう、情が薄かったり、残忍だったり、ろくでもない女だったりに描かれる。喜怒哀楽の激しいヤバめのキャラクターのときもある。『スリー・ビルボード』でフランシス・マクドーマンドが演じた〝悲嘆に暮れて暴挙に出る母親〟や、『殺人を無罪にする方法』でヴィオラ・デイヴィスが演じた〝優秀だけど情緒不安定な弁護士〟などがそれ。

勇敢な女性は、登場しても漫画的に描かれることがほとんどだ。たしかに、映画『ワンダーウーマン』はすばらしい。ヒロインは12もの言語を話し、男たちから「君にはできない」と言われてもまったくおかまいなし。強くて優しい人物だ。でも彼女は半神で、一般的な人間とは言い難い。『トワイライト』シリーズのベラもそうだ。シリーズ全体の4分の3までは、おとなしくて恋愛にも奥手な普通の人間だったのに、ヴァンパイアに転生して初めて、超自然な力を備え、残忍な面も示すようになる。かつての大人気映画『トゥームレイダー』のリブート版『トゥームレイダー　ファースト・ミッション』の主人公、アリシア・ヴィキャンデル演じるララ・クロフトは、なるほど筋骨たくましい人間の女性だけど、何度飛行機事故に遭遇しても生き延び、滝の上からパラシュートで降下し、機関銃の攻撃に弓矢で立ち向かっていく。しかもその間ずっと狩人スタイルで色っぽくキメている……。そんな女性、現実にいる？

大事なのは、自分のような人を画面で見ることだ。ジョディ・ウィテカーが『ドクター・フー』初の女性ドクターにキャスティングされたとき、ネット上では、次から次へと喜びの声があがった。その喜びこそが、すべてを物語っている。思えば、わたしが13歳のときに弁護士になりたいと思ったのは、映画『告発の行方』でケリー・マクギリスがとにかくかっこよかったからだ。映画に出てくる女性が、容赦なく大の男たちに立ち向かっていく姿を見たのは、それが初めてだった。父と映画館を出たわたしは言った。「パパ、わたし、彼女みたいになりたい」

今の若い女の子たちのなかにも、映画『ドリーム』を見てキャサリン・ジョンソンのことを知り、ＮＡＳＡの科学者になりたいと思う子がいるだろう。女性には、そんな現実的なロールモデルこそが必要なのだ。

問題があるのは、テレビや映画だけじゃない。今、最も完璧さを煽《あお》っているのはソーシャルメディアだろう。その影響力は際立っている。なにしろ、女の子たちは毎日9時間もかけて、友だちが次々に投稿するのをチェックしているのだから。しかも投稿される写真は、加工されたり修正されたりしていて、どれも非の打ちどころがない。

2000年前後に成人した女性の何人かと話をしたとき、わたしはゾッとした。彼女たちは「ネット上の完璧な自分のイメージをキープする」プレッシャーに四六時中さらされているらしい。いわゆる「セルフ・ブランディング現象」が、彼女たちにとって強迫観念になっているのだ。

以前、20代半ばの仲のいい女性が集まって、投稿写真にいちばんこだわっているのは誰か、と話しているのを聞いたことがある。彼女たちがあげたのは、サーシャとレイラだった。サーシャは毎朝、鏡の前でその日いちばんよく見える顔を練習するという。レイラは、3日とあけずにまだ暗いうちから彼氏を起こし、夜明けの光の中で自分が最高にきれいに見える写真を撮ってもらっていた。他の女性たちも、自分たちの〝ブサイクな〟写真を誰かに勝手に投稿されると嫌で嫌でたまらないらしい。

彼女たちは、本当の自分を見失わないためにアイデンティティをわけている。完璧に磨きをかけ、入念につくりあげたオンライン上の自分と、現実の自分に。インスタグラムやスナップチャットのアカウントを複数持っている女性も多い。スウェット姿や、フープダンスを練習している情けない姿を撮った動画は、ごく親しい友だちしか知らないアカウントに投稿する。彼氏と別れたときのつらい胸のうちを投稿するのも、こっちのアカウントだ。

みんな、複数の顔をもつなんて健全じゃないとわかっているけれど、仕方がないと思っている。前向きでかわいく――それが求められていることで、できなければ炎上する。

25歳の大学院生アンナは、「あまりにも生々しいことや、本当のことをそのまま投稿するとよく炎上する」と言い、それを「否定的で侮辱的」だと表現した。彼氏と別れてめちゃくちゃ参っていたとき、落ちこんだ気持ちを投稿したところ、励ましの言葉どころか、「超うざい」というコメントがついたそうだ。だから、1時間もしないうちに削除した。

女性にとっては「いいね」をたくさんもらえる内容だけを投稿するほうが安心だし簡単だ。「いいね」は通貨と同じ。ルールに則って行動していれば、フォロワーも「いいね」も増える。そして完璧な女の子の世界では、フォロワーと「いいね」が増えれば増えるほど、その子の価値も上がるのだ。

彼女たちは、他の人との比較も尋常ではない。心理学者のキャサリン・スティナー＝アデアによると、今どきの女の子は、他の人のプロフィールや写真をわずか9分間スクロールするだけで不安が一気に増すという。彼女たちの、「無視されることへの不安」は切実で、自分が参加していない楽しそうな集まりの投稿を目にするたびに、仲間はずれにされた、嫌われた、と思う。完璧に仕上げられた誰かの写真を見るたびに、自分はダメだと落ちこむ。フォロワーや「いいね」の数も比べては気にする。

その比較に終わりはない。気持ちはわかる。42歳のわたしだって、インスタグラムに投稿しては、「いいね」がどれくらいつくか気にしているのだから。

キャサリンは、かつて面談した少女のことも話してくれた。その少女は家族と出かけては素敵な休暇を過ごしていたが、あるとき、キャサリンにこう言った。「今までは、自分の家の休暇は最高だって思ってた。でも、他の子が休暇を過ごした場所を見たら、うちって貧乏なのかなって考えるようになった」。キャサリンは最初、冗談を言っているのかと思ったが、そうではなかった。「誰かと比べることで、せっかくのすばらしい休暇の意味や楽しさに水を差してしまうのは、すごく悲しいことですよね」。キャサリンはそう語った。

ソーシャルメディアの問題は、本当にやっかいだ。傷ついたり、ばつの悪い思いをしたり、ときには深刻な精神的ダメージを受けたりと、さまざまな後遺症をもたらしうる。誰かを恥ずかしめたりいじめたりといったことは、今に始まったわけじゃないけれど、ソーシャルメディアの場合、ごく幼いうちから大勢の目にさらされてしまう。今では、わずか7歳の女の子でもインスタグラムやフェイスブック、スナップチャットをやる。さまざまな批判にどう対処すればいいのか、まだわからない年齢なのに。

10歳の娘をもつ母親が、娘がインスタを始めたのは2年前で、初めて投稿したのはボウルいっぱいのチョコレートアイスの写真だった、と話してくれたことがある。その投稿に、学校の女友だちがコメントをつけた。「うっへ……うんちみたくない?」。恥ずかしさと気まずさで、娘はそれ以来一度も投稿していないの、と彼女は言った。

別の母親は、涙で声を震わせながら語った。13歳の娘は摂食障がいで苦しんでいるが、それが始まったのは、水着を着てタオルを巻いた自分の写真を投稿した直後からだったという。男の子たちがその画像をコピーして、「毛布にくるまった豚」というタグをつけて拡散したせいだった。

さらに、わたしは最近、スナップチャットで流行っている恐ろしい話を読んだ。それによると、中学生が投稿を見て、誰がいちばん他の子の性格や外見を残酷に侮辱できるかを競っているという。

今、多くの女子が、ついつい www.prettyscale.com のような顔の美醜を診断するサイトにログインし、そこに自分の写真をアップして診断結果を受けとっている（10代の女の子たちがやらないようにという配慮からか、一応、下のほうに小さな字で「自信がなかったり不安だったりする人は診断を始めないでください」という但し書きがついてはいるけれど）。

なかには匿名で投稿できるサイトもあるが、これは当然ネットいじめの温床になる。当時12歳だったレベッカ・アン・セドウィックが、中学生の集団に執拗にいじめられて自ら命を絶った例もある。

どれもこれも胸が痛くなる。どうか、ひとりでも多くの女性が勇気について学んでくれますように。そして、こんな困難に直面したとき、自分を守れるようになってくれますように。

3章

そして、
大人になってみると……

「人生がずっと小学校のままだったら、女の子が世界を支配するだろう」

これはキャロル・ドゥエックの有名な言葉だ。ドゥエックの言うとおり、学校では完璧を目指すことがプラスにはたらくことも多い。でも現実の社会では、オールAなど存在しない。

わたしたちはみな、大人になるとルールが変わることに気づく。それもごく早いうちに。そして不意に、これまで教えられてきたことがことごとく裏目に出てしまう。これまでは成果のあった行動——思いやりをもち、物腰は柔らかく、愛想よくするといった行動が、いきなり、とてつもない負担を強いるものだと実感するのだ。

思いやりがあるだけでは、昇進もできなければ権限のあるポジションも得られない。もちろん昇給も期待できない。人のよさを振りまいて得られる状況や関係は、望んだものではないことが多い。礼儀正しく口数少なくしていても、ムカムカした思いが残るだけだ。

会社のおじさんが人種差別的な冗談を平気で口にしても異を唱えられないし、同僚にアイデアを横どりされても訴えられない。クラスの中でなら、身だしなみに細心の注意を払い、愛くるしくしていれば、人気者という輝く星が手に入ったかもしれない。でも社会に出たとたん、そんなことくらいで星は降ってこなくなる。

ある会議に出席したとき、ひとりの女性にこう聞かれた。「どうやったら完璧になろうともがかないですむんでしょうか。社会は完璧であることを求めているのに」。そのとき、わたしはこう答えた。「高校や大学ならそれでほめられるかもしれませんが、社会に出たら違います」。そう、現実の社会で求められるのは完璧さじゃない。勇気だ。

完璧を求めれば、安心感の得られる道を歩んでいけるかもしれない。けれど勇気を出せば、自分が本当に歩みたかった道に行ける。

完璧であれば、オフィスで重宝がられるかもしれない。でも職場での性差別やハラスメントに直面したときに必要なのは、声をあげ、しっかり自己主張する勇気だ。

五段階評価で平均4以上の成績をとり、面接には非の打ちどころがない服装で臨み、素敵な笑顔を振りまけば、入社はできるかもしれない。でも、仕事の成果を認めてもらい、確実に戦力となっていくために必要なのは勇気だ。

完璧なヘアスタイルや完璧な体型なら、デートにはこぎつけるかもしれない。でも、本物の恋をしたり、つらい失恋をしても立ち直ってまた素敵な恋をするのに必要なのは勇気だ。完璧な母親になる努力をすれば、公園で仲間に入れてもらえるかもしれない。でも、子どもを自由に遊ばせ、失敗を経験させてやるのに必要なのは勇気だ。

完璧であれば、束の間気分はいいかもしれない。でも、困難に直面したときや、とても乗り越えられないような深い喪失感に見舞われたときに、力を与えてくれるのは勇気だ。完璧ではなくても、勇気があれば、上っ面の人生じゃなく、心の底から楽しいと感じられる、正真正銘自分の人生を、自分の手でつくりあげていくことができる。

〈期待を手放す〉

「20代後半になるまで、人生に選択肢があるなんて思いもしなかったわ」とルースは言った。彼女とはネイルサロンでたまたまとなり合わせになっただけ。けれど、互いに本音で話をした。ルースは若いころ、あなたにふさわしいのは、先生になって、結婚して、子どもを産んで、専業主婦として子育てをすることだと言われたそうだ。以来、28歳になり、友人が平和部隊に参加して南米に行くまで、別の選択肢があるなんて考えもしなかったという。「でも突然思ったのよ。ちょっと待って、わたしにもできるかしらって」。今62歳のルースはときどき、もしも自分の内面と向き合い、本当に望んでいるものが何なのかを自分で自分に問いかけていたら、今ごろどんな人生を歩んでいただろう、と思うそうだ。

多くの女性が、親を筆頭に他者を喜ばせるよう教えられてきた結果、周囲から期待される道を歩んでいく。それが自分の本当の道かどうか疑問も抱かずに。こうした傾向は、移民の親に育てられた若い女性にはとくに顕著だ。たとえばヤラ。彼女の父親は、オランダの小さな貧しい村で育った。「父さんが家族を連れてこの地へ来たとき、わたしはすべてにおいて成功しなくちゃならなかった。疑問を挟む余地なんてなかった。父さんはそのためにこの国へ来たんだから」

ジュリアンは第一世代のアジア系アメリカ人だ。両親は彼女が医者になることを望んでいた。でも研修中に、これは自分の望む人生じゃないと気づいたジュリアンは、医学の道に別れを告げ、本当にやりたいことを選んだ。なのに、31歳の今も、この選択は失敗だったんじゃないかという思いがくすぶっているという。「家族が集まると決まって、『なんだってそんな道を選んだんだ』と思ってるのがわかるようなことを言われるから……」

インド人移民の両親をもつわたしにとっても、身につまされる話だ。わたしも、すべてを完璧にこなし、オールAをとり、ディベートチームの中でいちばんになり、大学で卒業生総代を務めれば、苦労してこの国へやってきた両親の思いに報いることができる、とずっと思っていた。だから、本当は政治に関わる仕事がしたいという夢があったのに、名の通った法律事務所に就職した。そうすれば父が喜び、ほめてくれるとわかっていたから。仕事は嫌いだったけど、それをあらわにすることは決してなかった。その後、もっと給料のいい金融会社に転職したけれど、お金を稼ぐことは、わたしにとって奨学金返済などの手段に過ぎなかった。

そうやって、どんどんみじめな気分になっていった。時間さえあれば、政治運動のボランティアをして自分の心を満たしていたものの、仕事では、まるで満たされなかった。30代に突入するころには、ほぼ毎朝、胎児みたいにベッドの上で体を丸めては、自分は仕事で何も成し遂げていないというううんざりする思いを必死になだめた。書類の上ではそれなりに成し遂げていたのかもしれない。でも、自分が夢見た道からは果てしなく遠く離れていた。

あのころは、わたしの人生の暗黒時代。心身ともにボロボロで、仕事から帰ると、スウェットに着替えてグラスにワインを注ぎ、テレビをつけて、ひたすら泣いていることもしょっちゅうだった。どうにも身動きがとれなかった。次に何をすればいいのかもわからないし、仕事を辞めるのも怖かった。

2008年のあの日、すべてが変わるまでは。

今でもはっきりと覚えている。8月のあの日、ニューヨーク市は息がつまるほど暑く、地下鉄のホームに立っているだけであぶり焼かれそうだった。そのときわたしがいたのは、マンハッタンのミッドタウン中心地にあるビルの48階。窓が開かない、寒いぐらいに冷房を効かせたいつものオフィスで、ボディコンシャスの青いスーツを着て、10センチのヒールをはいていた（足が痛くてたまらないのを必死にこらえて）。午後に飲んだカプチーノは、不安と後悔のかたまりみたいな味がした。

その日より2カ月たらず前に、わたしはワシントンDCに行った。2008年の大統領選で民主党の候補はバラク・オバマに決まり、ヒラリー・クリントンが敗北宣言をすることになったので、その手伝いを申し出たのだ。ヒラリーはわたしの憧れで、民主党内での大統領予備選挙でもヒラリー陣営のボランティアとして頑張った。だから、ヒラリーが負けたときはがっかりし、落ちこんだ。でも、涙を流しながら彼女の話を聞いていたとき、「わたしが負けたからといって、あなたたちまで目標や夢を諦めるべきじゃない」という言葉が胸に響いてきた。それはまるで自分に直接話しかけられているようだった。

そして、8月のうだるように暑いあの日、ヒラリーの言葉を繰り返し頭の中で再生しているところへ携帯電話が鳴った。電話の主はロー・スクール以来親しくしている友人、ディーパだった。彼女は、卒業したばかりで希望に目を輝かせ、自分はなんでもできるし、なんにでもなれると思っていたころのわたしを知っていた(彼女の家のバルコニーで、大統領選の演説を練習しているのを見られたこともある)。携帯の画面に表示された名前を見て、あんなに嬉しかったことはない。

空気の張りつめた、静まり返ったオフィスを足速に通って、奥にある窓のない会議室に入ると、わたしはドアのブラインドをおろし、苦痛でしかないヒールを脱ぎ捨てて電話に出た。ディーパの声を聞いたとたん、堰を切ったように涙が流れたのを覚えている。ちょっと頭がおかしくなったと思われたに違いないけど、わたしは、こんな会社の仕事なんかもうヤダ、虚《むな》しい、生きていく目的がない、などと泣きじゃくりながら話した。

ディーパは辛抱強く耳を傾けてくれた。そしてわたしが話し終えると、少し間をおいてから、静かな口調でひとことだけ言った。「辞めなさい」

ヒラリーの強さ、立ち直るパワーに影響されたのかもしれない。怖くてたまらなかったことをするよう、大切な友だちが背中を押してくれたからかもしれない。とにかく、わたしはこのとき、物心がついてから初めて、かすかな希望を見出した。

そしてついに、勇気を振り絞って父に話した。「仕事を辞めて選挙に立候補したい」。そんなことはするなと言われそうで不安でたまらなかったし、父の反対を押し切ってまで、退職して立候補するなんてとてもできそうもないと思った。電話をするときはもう本当に怖くて、手が震えた。それでも、どうしても挑戦したかった。この気持ちを削がれたくもなかった。意外にも、父は「いい頃合いじゃないか！」と言ってくれた。あのときほど、父の娘であるのを誇りに思ったことはない。同時に、こんなことならもっと早く本心を打ち明ければよかったと自分を責めたくもなった。とにかく、長い時間をかけてようやく、自分の夢を追えば、父のアメリカンドリームを叶えることにもなると気づいたのだ。

かつてのわたしと同じような過ちを犯した女性は、他にも大勢いる。

たとえば美術史専攻の学生メリッサ。熱心なユダヤ教の信者である親の強い勧めで、当時つきあっていた、ユダヤ人の優しい（けれど退屈な）男性と22歳で結婚し、芸術家になるという夢を諦めた。そのまま流されるように日々を送り、立派な家に引っ越して、両親のミニチュア版のような社会生活を送った。それでもしばらくは、心をこめて夫に尽くす妻という役割を楽しんでいたが、やがて「これでいいの？」という思いが浮かんできた。

そして25歳のある朝、目覚めて、まだ新しい家を見まわし、そこで営んでいる生活のことを考えて不意に思った。「ダメだ。わたしの物語を最後まで紡ぐのはここじゃない」

26歳の誕生日を迎えたときにはすでに離婚していて、薄給ながら画廊の受付として働き、ブルックリンにある質素なアパートメントで寝起きしていた。

たしかに、完璧とは言えない生活だ。けれど彼女は、これまでになく幸せだった。〝そうすべき〟という期待を手放したおかげで。

（あれも、これも、俗説だった）

完璧主義について女性たちと話をするようになったある日、わたしは会話の糸口として、簡単な質問をした。「あなたは完璧でなければいけないと思ってる?」。すると、ほぼすべての人が「ノー」と答えた。きっと「イエス」と言うだろうと思っていたわたしは、ひょっとしてとんでもない誤解をしていたの？　けれどやがて気がついた。彼女たちは、わたしの質問の意図を汲んで、「正しい」答え、完璧な答えを返してくれたのだ。

それに気づいてからは、質問の仕方を変えた。イエスかノーかではなく、1から10の数字のどこに自分が該当するかを答えてもらうようにしたのだ。数字が大きいほど、人生のすべてを完璧にやらざるを得ないという気持ちが強いということ。思ったとおり、「正しい」答えを連想させる要因をなくしたとたん、まったく違う状況が現れた。答えの平均値は8から10の間だった。

彼女たちが本当の感情を示してくれたところで、次の質問をした。友人や家族から、理不尽な基準で自分を縛っていると言われたことはないか、と。答えはたいてい「イエス」だった。さらに、なんであれもっとうまくやるべきだったと思う？　と聞くと、ほぼ全員が「イエス」と言った。

こうして年齢も背景も職業もさまざまなたくさんの女性と話をするなかで、完璧主義は生涯を通じての信念や期待や不安が複雑に結びついたものであることが見えてきた。それだけにわかりにくく、矛盾もある。多くの女性が、完璧であることを大事にしながら、いっぽうでは、なんとしても振り払いたいと思っている。

〝欠点をなくせ〟という呪縛のせいで、すべてをしっかりこなさなければ認められないし、愛されない、と思っている女性も少なくない（心理学者が言うところの「社会規定的完全主義」だ）。不可能な目標まで自分で自分を追いつめている気がすることもある（「自己志向的完全主義」だ）。いずれにせよ、そういう思いは気になって仕方がなく、絶えず他者や自分の期待に背いてしまったという気持ちにさいなまれる。

完璧な女の子になるための教育を受けてきたとはいえ、わたしたちは今や経験豊富で聡明な女性であり、完璧を追い求めるなんてバカげたことだとじゅうぶん理解しているはずだ。それでも、いまだに日々の生活を完璧主義に支配されている。どうしてかって？　それは、無意識のうちに「完璧であればプラスになる」という時代遅れの考えを信じているからだ。でももう、そんな俗説は全部、きれいさっぱり捨て去ろう。

俗説① 外見を磨けば完璧になれる

小さいころから、外見を磨けば完璧な仕事、完璧な男性、完璧な人生を手に入れられると思わされてきた人は多いのでは？ でも、外見をよくすることと完璧になることは違うし、外見を磨いたからといって幸せな結末が待っているとはかぎらない。

見た目や話し方や態度が完璧なら、実際には完璧ではないという〝秘密〟はバレない――そんな誤解もある。あなたは、非の打ちどころがない外見になれば、他人からバカにされたり批判されたりしないと信じて、自信のなさや見苦しい感情や欠点を隠しておくために、必死に外面を磨いたりしていない？

選挙に出たばかりのころ、わたしは神経がまいってしまった。それもひどく。自分には議員になるだけの資質が本当にあるのか、不安でたまらなかった。当時のわたしは、立候補するからには、イラク問題からでこぼこの道路にいたるまで、あらゆる問題に精通していなければならないように思っていた。なのに、質問に答えられなかったらどうしよう。若くなく、経験もないのだって不利。仕事をこなせるだけの知性もない、無能なやつと思われたらどうしよう……。本当はどう見えていたかわからないが、心の中は不安だらけで、自信はかけらもなかった。

だから、自分でどうにかできるただひとつのこと、街頭演説に集中した。とりつかれたようにそのことばかり考え、数えきれないほど原稿を書き直しては、一言一句違わずに暗記した。弁が立つ人のビデオを擦《す》り切れるほど見て、ベッドの中で、歯を磨きながら、地下鉄の駅へ歩きながら、何度も繰り返し練習した。それもこれも、完璧な演説ができれば完璧な人だと思われ、批判されずにすむと思いこんでいたからだ。完璧な演説は盾のようなもの、それがあれば周囲に与える印象を自分でコントロールできると考えていたのだ。

もちろん、そんなわけはない。わたしのことが気に食わない人たちは、いつまでたっても、わたしの言葉から履いているものまで、次から次へとあげつらった。本当に自分を守れるのは勇気しかない、と学んだのは、それから何年も経ってからだ。

多くの女性にとって、外見は自分を守る鎧《よろい》だ。服、ヘアスタイル、メイク、アクセサリー、靴など、すべてが完璧なら、たしかに落ち着いていられる。だけどそれは、自分に対する印象は自分でどうにかできると思いこんでいるからで、幻想に過ぎない。ある華奢《きゃしゃ》なブロンドの起業家は、投資してくれそうな相手に売りこみにいくときには、ヘアアレンジもメイクもプロに任せるそうだ。「わたしがばっちりキメてたら、向こうだってキックはしないでしょ」。そう言って彼女は笑った。でも実際には、相手の思いを意のままになどできない。キメていようがいまいが、あなたに嫌がらせをしてくる人はいる。

女性と完璧主義の話題では、ダイエットもはずせない。女性は年間で平均127時間も、体重や摂取カロリーのことで思い悩んでいるという。つまり一生のうちでまる一年も、体型のことばかり考えていることになる。また、80～89％もの女性が、自分の体重に満足していない。アメリカには、摂食障がいを患っている女性が1000万人いる。さらに、全米摂食障がい協会（NEDA）の報告では、10歳の女の子の81％が、太ることを気にしている。

以前、ニューヨーク市で消費者グループと討論したところ、数日後、そこに参加していたマルタという女性からメールをもらった。彼女は討論会のあいだは黙って床に座っていたけれど、メールには率直な思いが綴られていた。討論会はただの「茶番」だった、と。自分は完璧主義や不安がいかに女性を縛りつけているかについて仲よくわいわい話すと思って参加したのに、向かいのソファに我が物顔で座っていた女性たち（マルタはその人たちを「カウチ女たち」と表していた）に圧倒されて、発言できなかったという。わたしはメールをくれたマルタに感謝した。そこには、彼女が話すつもりだったことが書かれていたから。

マルタは若いころ、つねに外見を磨きあげておくよう、母親からプレッシャーをかけられていた。母親はマルタを産んでから32年間、フルメイクをしないで外出したことが一度もない人だった。マルタいわく、母親はスタイル抜群で、美人で、マルタが高校生のころは男子から、「おまえのママ、色っぽいな」と言われていた。彼女はそれを聞くたびに吐き気がし、同時に、自分はどうやっても母親には敵わないと思ったという。「わたしは大柄で、くりくりの天然パーマ。鼻筋だってまるで通ってなかった」と彼女は書いていた。

そんな自信のなさから、16歳のときに鼻を整形した。時を同じくして、子どものころから大好きで続けていたバスケットボールをやめた。「17歳のときに一度だけ縮毛矯正をしたけど、大泣きした。18歳で家を出て大学に入ったものの、男子並みに飲んだり食べたりした結果、あっという間に5キロも太った。まもなくさらに5キロ。夕食前にデザートを食べるっていうダイエットをしたせい。1年生のうちからどんどん太って、やがて、自分を律することができないという思いを簡単に忘れられる方法を知った。わたしは意識を失うまでお酒を飲んだ。完全に自制心を失っていた。そうやって数年間、自分の体を恥じたまま、絶望的な気持ちで過ごした」

完璧に見えるように努力しなくては（トレーニングをして、健康的な食事をして、メイクもして……）、という考えのせいで、マルタは覚えているかぎりずっと、みじめな気持ちを抱えてきたという。でも、ついにその考えをすっかり手放した。「どうやっても完璧になれないなら、努力しても無駄だと思ったから」。ここ何年かでようやく、自分の体や体重について前向きに考えられるようになってきた。それでも、子どものころに言われてきたことは、なかなか忘れられない。

「32歳になってもまだ、わたしの価値は体型にあるんじゃないって、意識して自分に言い聞かせなきゃならない。ジーンズがはけなくたって、充実した仕事もあれば、大切な友人や家族もいるし、みんなもわたしを大切に思ってくれてる、って。そういうことを自分に必死に言い聞かせてる。バカみたいって思うけど」

マルタの母親だけでなく、この社会にも、残念ながら女性に対する外見のプレッシャーは存在する。それが男性には当てはまらないのも事実だ。ヒラリー・クリントンは2008年の大統領予備選の際に、「オバマはベッドから出たらすぐにスーツを着られるけれど、わたしはいつも何時間もかけて髪をセットし、メイクをし、服を選んで、ようやく出かけられる」と言っていた。あれだけの大舞台に立つ女性は（まあどんな舞台でもそうだろうけど）、外見で失敗するなんて絶対にあってはならないとされるから。

この手の例ならいくらでもある。歌手のリアーナは、ある日バギージーンズ姿を写真に撮られ、スポーツ記者に「力士みたい」、「太っていることを最新トレンドにするつもりなのか」と書かれた（幸い、すぐさま反撃があり、この記者は速攻でお払い箱となった）。俳優のジェニファー・アニストンは、ビキニ撮影の直前にあえてチーズバーガーを食べ、SNSでは、ただ体重が増えただけなのか、はたまた妊娠かと大騒ぎになった。

不安の火はさらにあおられ、最近では、完璧な装いにするのはもちろんのこと、努力のあとはいっさい見せずに、スタイルがよく、歯は真っ白で、肌は輝き、髪もつややかでなくちゃならない。

〝努力しないで完璧〟というプレッシャーは、少女から大人の女性までをおおいつくす。ニューヨーク・タイムズ紙に掲載されたアマンダ・ヘスによる記事にはこうある――今や社会は女性に、美しさ一辺倒という歪《ゆが》んだ風潮に打ち勝つために、内面を磨く義務を課している。だが、それでいて社会は、美を強制する風潮は自然に発生したもので、女性に投げつけられる理不尽な基準など存在しないかのように考えている。そして記事は「現実には、女性の外見に対する要求はかつてないほど高まっている」と続く。「それを認めることがタブーになっただけだ」

大半の女性は、USウィークリー誌で外見をこき下ろされたりしない。なのに、誰もが自分の体や美しさに対するプレッシャーを感じている。おしゃれに服を着こなし、シミひとつない肌にし、引き締まったお尻にすれば完璧！　とばかりに〝隠れて〟努力を続けている。

エベリンという女性は、娘の結婚式で、元夫とその（うんと年下の）再婚相手に会ったときのことを話してくれた。ふたりの出席を知って動揺したエベリンは、式までの3カ月間に〝完璧な〟自分に仕上げることにしたという。きついダイエットで体重を5キロ落とし、髪を染め、数えきれないほどのドレスと靴を試着して、〝完璧な〟組み合わせを選んだ。でも式の当日、どんなに美しく着飾っていても、悲しみや妬ましさといった、忘れてしまいたい感情をどうしても抑えられなかった。「誤解しないで」とエベリンは言った。「頑張った自分はとても晴れがましかったし、その気持ちに救われもした。だけど、やっぱり魔法みたいにはいかないわね。それが心を癒してくれたのはほんの一瞬でしかなかったの」

わたしはなにも、イベントや会議に好き放題の格好で参加しろと言っているのではない。まわりの人にいい印象を持ってもらえるように気をつかうのは大事。でもそれと、〝完璧〟に見せるために自分を追いつめるのはまったく別の話だ。美しさとは、楽しく自己表現すること（わたしは、真っ赤な口紅で気分が上がる）。でも、ひたすら完璧を目指さないと安心できないようでは楽しくないし、精神衛生上もよくない。その違いをよく理解しておこう。

俗説② 完璧にしたら、幸せになれる

「人はいつでも、実際に自分が持っている金額よりも10％以上多い額がないと満足しない」という話を読んだとき、女性が届きそうで届かない〝完璧〟というニンジンを追いかけているのと似ている、と思った。

「正しい道を選んで、正しい仕事につき、正しいパートナーを見つけたら、すべてがうまくいって幸せ」。わたしも、かつてはこの間違った考えに陥っていた。うんと若いころは、週

に5日トレーニングをして、姉みたいな〝理想の〟Mサイズになり、アイビー・リーグに行けば、わたしの才能を愛して、全面的に支えてくれる完璧な男性に出会える、と思っていた。やがて完璧な3人の子どもに恵まれ、アメリカ大統領になる――計画どおりにやっていきさえすれば、自分が思い描いた人生になる、と。ずいぶん歪んだ考えだけど、こんな思考に陥っているのは、たぶん、わたしだけじゃない。

理想を叶えるために、毎日一万歩歩き、週に7日トレーニングをし、炭水化物抜きの食事をする。昇進し、ワークライフバランスを充実させ、理想のパートナーをゲットする方法が書かれた記事やブログや本を読む。自分にぴったりだと言われれば、地域の面倒な仕事や役割も率先してこなす。子どもは2人か3人。完璧な家を購入し、きちんとしたものに囲まれて暮らす……。

問題は、それで幸せかってこと。

多くの人の答えは「ノー」だ。アメリカ国立精神衛生研究所によれば、女性のじつに4人にひとりは重度のうつ病を経験するという。２００9年にペンシルベニア大学で行なわれた「女性の幸福度の低下における逆説」(すごいタイトル)という研究がある。それによると、女性のためのさまざまな機会は増え、給料は上がり、技術が進歩したおかげで果てしない家事から解放されたという点から見ても、過去35年間で女性の生活は改善された。にもかかわらず、彼女たちの幸福度は低下している。

完璧を追い求めていると、望んでいない仕事や人間関係や生活状況に行き着くことがある。必要なチェックをすべて入れていけば、楽しく充実した人生が送れると思っていたのに、リストの最後の項までできたところでこう思うのだ。「嘘でしょ……どうしてわたし、幸せじゃないの？」


トーニャは才能豊かなイラストレーターで、仕事の対価として大金を得ている。20年以上にわたって業界の第一人者と見なされ、それを裏づける権威ある賞もいくつか獲得した。仕事のおかげでたくさんの人から感謝され、賞賛の言葉ももらっている。そんな彼女が唯一得られないのが、喜びだ。

仕事は嫌いじゃないが好きでもない。数年前から仕事に対するときめきがなくなり、今はひたすら惰性でこなしているという。でも、「今の仕事をやめて、何かワクワクできることに挑戦してみたら？」とわたしが言ったとき、返ってきたのはため息だけだった。

それは、身に覚えのあるため息だった。わたしも法律事務所で期待の新人としてバリバリ働いていたころ、しっかりと評価もされていたし、給料も高かったのに、何もかもが嫌でたまらなかった。わたしだけじゃない。「成功している」という役割に行きづまりを覚えていた多くの女性たちが、同じようなため息をついていた。おかしな話だと思うだろうか。たしかに、先進国ならではの問題だろう。でも、問題を解決するのに勇気を出さなければならないことに変わりはない。

組織や人と親密で有意義な関係を築いているふりをしているうちは、孤独なままだ。うわべをとりつくろっているうちは、心からの深い関係、ありのままの自分をさらけだし、それを受け入れてもらえると実感できる関係なんて、いつまでたっても築けない。

本当にやりたいことではなくて、（自覚のあるなしにかかわらず）ひたすら他の人の夢を追いつづけたり、他の人の顔色をうかがったり、人生はこうあるべきというレールの上を走ったりしていると、自分の願いや目標はかすんでしまう。それはまるで、同時にまったく違う指示を次々に出すカーナビを見て運転しているようなもので、右へ、左へ、Uターン……とやっているうちに、自分本来の方向感覚が失われていくのだ。

なかには、パートナーも〝条件に合った人を選ぶ〟という女性がいる。たとえ心からその人を愛していなかったり、満足していなかったりしても。彼女たちは、おだやかな家庭、おだやかな生活に入るが、やがて何もかもが無理強いされた不自然なものに思えて失望する。でも、いちばん近くにいる人にさえ、やっかいな本心を隠す。そして悩む（これはわたしの推測だけど、不倫をしたことがある既婚女性の割合が、この20年で40％も増えているのは偶然ではないだろう）。

女性は、自分ではなく大切な人が推す機会や地位を追い求めがちだ。それが幸せへの切符だと信じているからだろう。わたしがこれまで会ってきたたくさんの女性のように、得意だからという理由だけで、好きでもない仕事を何年も続けている人も多い。たとえ、ある朝目覚めて、自分の仕事、人間関係、人生は間違っていると思っても、それを変えるのは怖くてたまらない。自分は失敗したと思ってしまうのも怖いし、新しいことを始めるために快適な空間から出なければいけないのも怖い。その気持ちはよくわかる。

わたしは大学で講演をするとき、本当に自分が望んでいることなのか疑わないまま、何年も出世の階段をのぼっていたころのことをよく話す。あるとき、その話をハーバード大学でして、帰りのタクシーに乗ろうとしたら、有色人種の若い女性が走ってきて言った。「さっきの講演で話してくださったことは全部、まさにわたしのことでした」。彼女は、早期教育の分野で博士号を取得するために、できることはすべてやってきた。それで自分は幸せになれるのかと自問することなど一度もなかったという。でも今では、自分のやりたいことではないと気づいている。それでも続けているのは、博士号は自分が取得すべき次の資格だから、という理由に過ぎなかった。

シンディは、フィットネス雑誌から飛び出てきたような、ハッとするほど美しい女性だ。

その彼女が、ずっと努力して非の打ちどころのない完璧なボディになったというのに、むなしさしかなかったと話してくれた。結婚生活もうまくいかず、ティーンエージャーの息子は反抗期で荒れていた。ちっとも幸せじゃない。やっと完璧になれたのに。お祝いの花火もなければトロフィーもなく、あるのはただ漠然とした不安と、「これでいいの？」という思いだけ。

完璧な点をすべてつなげば満足感が得られる――女性はずっとそう考えるよう教えられる。おかげで、この考えがどれほど自分の奥深くまで染みこんでいるかすら気づかない。そんな自分が、「完璧な人生は、じつはそれほど完璧ではないのかもしれない」と考えられるようになるのは、ものすごいことだ。

俗説③ 完璧でなければすべてが台なし

完璧を理想とするかぎり、欠点は認められない。女性にとってつらいのは、失敗をすることではなく、むしろその失敗が意味することだろう。完璧主義者は、失敗を自分の欠点と見なすから。失敗をすると、頭の中をいろいろな考えが猛スピードで駆け巡る。「会議でとりとめもなく話してしまったら、同僚からこの先ずっとバカだと思われる」「修学旅行の許可書を送り忘れたら、子どもの担任にも子どもにも、最低の親だと思われる」「デートをドタキャンしてしまったから、彼はきっとわたしに呆れた。もう二度と誘ってもらえない。わたしはこのまま孤独死するんだ」……

政治評論家の助手リリーは、すさまじいパニックに襲われたまま週末を過ごしたことがある。その理由は、すぐに対処すべきメールの返事を出し忘れたから。先生（評論家）が知ったら怒るに違いない。「土曜日に友だちとランチに行ったけれど、頭の中ではずっと『もう仕事は諦めて、修士課程に戻るべきかも……』と思っていた。クビって言われるのが怖くてたまらなくて、月曜日は朝の7時にオフィスに行って、目につくものを全部きちんと片づけて、怒られないようにしたの」

それを聞いたわたしは、オーバーン大学の教授が行なった調査を思い出した。それによると、家庭や仕事での責任にかんして、女性は男性より「ちゃんとはたしている」と考えている割合が少なかった。そこに付されていた専門家のコメントはこう。「仕事と家庭の両立において、女性は多分に罪悪感を覚えている」。これを読んだときのわたしの反応は「何を今さら」だった。

すべてを完璧にやらなければ、というプレッシャーをいちばん感じているのは、働く母親だろう。育児を半分分担してくれるすばらしいパートナーがいても、完璧な母親でなければ悪い母親、というメッセージを、わたしたちは見事に胸の内に刻みつけている。マザーズバッグの中身を把握しているのも、おしゃぶりをやめさせるよう気を配っているのも、ベビーシッターの番号を携帯電話の短縮ダイヤルに登録してあるのも、たいてい女性だ。

　わたしも人のことは言えない。出張するたびに、長い時間子どもと離れる罪悪感にさいなまれるから。そのせいでいつも、なんとかして不在の時間を最小限にしようと何度もスケジュールを組み直す。家にいるときだって、朝5時に起きてジムへ行く。そうすれば、息子が起きる前に戻り、朝食をとる間そばにいてやれて、学校へ行く身支度もしてやれるからだ。

　夫はいい父親だ。でも、そんな罪悪感は抱かない。わたしが留守にしていて、自分も早朝から会議があるときは、ためらうことなくベビーシッターに来てもらい、息子の朝食と身支度を任せている。

　白状すれば、わたしはブルドッグのスタンにさえ、母親としての罪悪感を掻《か》きたてられる。スタンが朝の7時に起きて、散歩に連れていけと吠えれば、すぐに連れていく。わたしがいないときのスタンは、夫がシャワーを浴びて髭を剃り、身支度を整える午前10時まで幸せそうに寝ているのを知っていても。

　女性は、〝自分の〟時間をパートナーや子どもに捧げる。これについては、言いにくいけど言おう。それは往々にして女性が自らまいた種でもある、と。パートナーだって、マザーズバッグに荷物を詰めて、子どもの朝食の支度をし、ベビーシッターを手配してはくれるだろう。でもたぶん、わたしたちがこうしてほしいと思ったとおりにきっちりとではない。それでつい、完璧にやってくれないなら自分でやるしかない、と考えてしまうのだ。

家族・労働研究所の全国調査によると、女性の多くは人に任せたり、自分でどうにかしようとするのをやめることがなかなかできない。その結果、自分で自分に時間のプレッシャーをかけている。

女性がより多く育児を担うのは、育児本能が強いからだという意見もあるが、ここで話題にしていることのうち、いったいどれだけが本来の育児と言えるだろう。わたしの考える育児とは、息子の心身の健康に心を配ること。急に熱を出したときに看病してやったり、お気に入りのカエルのぬいぐるみがなくなったときに慰めてやったりすることだ。これに対して、必要な（しかも最高の）学用品をひとつ残らず用意したり、息子に身体にいいおやつを食べさせたり、2歳になる前に文字を教えたりするのは、育児本能ではなく、完璧な母親にならなければという現代の強迫観念、もしくは、フェミニストの社会学者シャロン・ヘイズが言うところの「徹底育児のイデオロギー」だろう。

父親のほうは、こうしたプレッシャーをほとんど感じないらしい。子育ての細々したところまできちんとできなくても、つらい罪悪感を覚えることはない。彼らはそもそも、完璧であることを目指してなどいないからだ。わたしは、あるドッグフードのコマーシャルを見るたびに笑ってしまう。若い父親が幼い子どもにご飯を食べさせている。子どもは散らかし放題で、顔もベタベタ。父親は部屋を出て、子どもの顔を拭《ふ》くウェットティッシュをとりにいく。けれど戻ってくると、子どもの顔はすっかりきれいになっている。愛犬が舐《な》めてくれたのだ。父親は、状況を理解すると、肩をすくめて明るく言う。「まあ、いいか」

そんなふうに思えたら、どれほど楽になるだろう。

よく考えてみれば、完璧でなければと思うのをやめたいからといって、悪い親になるわけでも、親としてのレベルが下がるわけでもない。わたしたちが変えなければいけないのは、親としてのレベルではなく、そのレベルに達するか達しないかに振りまわされる考え方のほうだ。子どもに健康な食事を与えたいという考えはすばらしいけれど、たまに冷凍のチキンナゲットを夕食に出したからといって、栄養失調になって倒れることはない。時間を守ることも、いつもどおりにやることも、子育てにおいて大事なことだけど、渋滞で保育園のお迎えが遅くなってしまっても、それで子どもの心に生涯消えない傷を残したりはしない。

すべてを楽にこなせるようになるのに必要なのは、完璧さじゃない。勇気だ。勇気さえあれば、自分がやらなければという気持ちを手放し、人に任せられる。勇気があれば、100点を目指して60点でもいいと思える。勇気があれば、失敗をしても、いたたまれない思いをせずにいられる。

それに、勇気があれば、自分をいたわることもできる。仕事や家族（あるいは週に6回も人間関係のアドバイスを求めてくる友人や、PTA関係や、留守中に犬の散歩をしてくれと頼んでくる隣人）のために尽くせ、と頭の中の声が言っても、「ノー」と返せる。

勇気があれば、一息つくことだってできる。日々罪悪感にさいなまれることもなくなる。だいいち、失敗しても大丈夫なんだよと子どもに身をもって示すことで、自分を思いやる気持ちを教えられるじゃない。

勇気があれば、完璧な女の子から勇気ある女性へと生まれ変われるのだ。やってみる価値はじゅうぶんある。

俗説④ 完璧であることは秀でていること

残念ながら、完璧であることと秀でることは同じではない。完璧でなくても秀でることはできる。両者の違いは、愛情と執着の違いに似ている。愛情は人を自由にするが、執着は人を縛りつける。

完璧であろうとする人には、成功か失敗しかない。ささやかな勝利も、努力賞もなし。だから、必死に頑張ったのに失敗したら、もうどうしていいかわからなくなってしまう。

いっぽう、何かに秀でることを目指す人は、失敗しても立ち直れる。勝つか負けるかしかないとは思っていないから。秀でるというのは、過程であって目標ではない。だから結果にかかわらず、それまでの努力を誇ることができる。

自分なりの高い基準をもつこと自体はすばらしい。そうすれば、面接であれ会議、イベント、スピーチ、試合、プロジェクトであれ、しっかりと準備をして、全力を尽くそうと頑張るだろう。秀でたいという気持ちは健全で、何も悪くない。勝ちたいという気持ちも、健全であればかまわない。ダメなのは、実現不能な目標を掲げたり、応えられない期待を背負うこと。あるいは理想の結果を得られなかったからと自分を責めることだ。

完璧主義で突っ走ると、喜ぶべきタイミングがわからなくなりがちなのも問題だ。わたしもいまだにそういうところがある。「わあ、レシュマ、ずいぶん頑張ったわね」と言われると、すぐさま頭の中で嫌みがささやく。「そんなことないのに」。ささやいているのは、完璧主義の亡霊だ。

でも、〝完璧〟ではなく〝秀でよう〟と努力していれば、自分が頑張ったことを心から誇りに思える。わたしも最近は、何かを頑張ったら、それをちゃんと喜ぶようにしている。大好きなビヨンセの曲を大音量で流しながらリビングで踊ってみたり、お気に入りのベーカリーでとびきりおいしいチョコレートチップクッキーを買ったり、自分にあてたささやかなお祝いのメッセージをツイートしたり……。

完璧主義は、せっかくのいいことを台なしにしてしまう。あれもこれも「問題なくできた」と思わせてくれない。ひとつでも、ちょっとでも、できなかったことがあれば、そのことを考えるよう仕向けるのだ。

たとえば、わたしのTEDでのスピーチは400万を超える人たちが見てくれて、数えきれないほどの女性が心に響いたとメールをくれた。フォーチュン誌も、2016年度の最も感動したスピーチのひとつと評してくれた。なのに、フォーチュン誌を見たときにわたしの目が釘づけになったのは、やたらと目立つ巻き毛とド派手な自分のメイクのほうだった。こんな格好で、女性の人生に影響を与えるようなことをしゃべっていたなんて！　頭に浮かんだのは、「スピーチをするっていうより、クラブにでも行くみたい。どうして誰も何も言ってくれなかったの？」だった。

友人のティファニー・デュフは、*Drop the Ball*（ボールを落とす）というすばらしい本を書いたとき、いくつもの書評で絶賛された。グロリア・スタイネムにも「偉大にして、道を切り拓く、読みやすくて勇敢な」本と認められた。それなのにティファニーは、数々のほめ言葉を喜ぶかわりに、アマゾンに投稿された二、三の否定的なレビューのことばかり気にしていた（好意的なレビューのほうがはるかにたくさんあったのに）。彼女は言った。「あなただって、批判的なことを書かれるたびに、自分の世界が崩れていくように思ったでしょ」

就職の面接では、自分を完璧主義者だとアピールするのが当然のようになっている。そんなふうに言えば、仕事に対する意欲が高いとか、細部にもきちんとこだわると思ってもらえる、と考えるからだ。でも皮肉なことに、完璧主義は往々にして考え過ぎ、手を入れ過ぎ、分析をし過ぎるから、結果として秀でることができない。

あなたはこう思うかもしれない、「そりゃあ完璧じゃないほうがいい仕事もあるけど、いざというとき頼りになる、医者や弁護士みたいな専門家には、誰だって完璧であってもらいたいんじゃない？」。ところが、その考え方が逆であることを示す調査がある。たとえば、1200人の大学教授を対象にした2010年の研究では、完璧を目指す教授ほど、論文が出版されたり引用されたりする率が低かった。完璧であることにこだわっていない教授のほうが、特定の分野で抜きん出て成功していることが、調査で示されたのだ。

完璧主義者が抱く「失敗したらどうしよう」という不安は、足を引っぱる。心理学者のトマス・グリーンスパンも、ニューヨーク・マガジンで言っている。「外科医が自分の決断は正しいと完璧に自信をもてるまで待っていたら、患者は出血多量で命を落とす」

俗説⑤ 失敗は選択肢に入らない

失敗が選択肢になければ、リスクもおかせない。つまり、完璧を目指しているかぎり勇気は出せない。

挑戦してうまくいかなければバカだと言われ、ずっとその失敗がついてまわるのではないか。自分の期待にも他者からの期待にも応えられっこないと明らかになってしまうのではないか。そんな心配をしていると、いざ失敗したら世間に顔向けできなくなり、精神的にも打ちのめされる。

下院議員選挙に敗れたとき、わたしはこれで終わったと思った。国民の公僕になるという夢を絶たれたのだから、もうどうすることもできない、と。翌朝、ホテルの部屋で目覚めると、結果を楽観視していたスタッフが飾ってくれていたお祝いの風船や、いたるところに貼ってある祝福の言葉が書かれたポストイットが目に入り、吐きそうになった。ああ、出資してくれた人、支えてくれた人、投票してくれた人、友人、家族、みんなの期待を裏切ってしまった。候補者としてのキャリアも台なしだ……。自分が人間のクズになったようだった。

心の傷を癒し、顔をあげられるようになるまでには数か月かかった。でも、そのあとまた新しい夢を見つけた。それまでは、連邦議会へ行くことこそが自分の使命だと思っていたけれど、今までとは違う、本当にいい世の中にしていきたいなら、わたしが進むべき道は、女の子がどんどんプログラマーになれる流れをつくることだと気づいたのだ。そうすれば、いつか彼女たちが、この国や世界が抱えている最も差し迫った問題を解決してくれるだろう。

わたしがこのことに気づけたのは、「挑戦して失敗する」という経験をしたからこそだ。立候補していなければ、遊説で学校をまわることはなかった。学校をまわらなければ、そこに厳然と男女の格差が存在していることも、社会が見逃している可能性に満ちた才能を目にすることもなかっただろう。「ガールズ・フー・コード」を立ち上げることなく、国中の何万もの女の子に、自分はなんでもできると思ってもらえるよう手助けする楽しみも得られなかっただろう。なにより、わたし自身が「自分はなんでもできる」という思いを抱くことはなかっただろう。

スタートアップ業界ではずっと、失敗は進歩に欠かせない歓迎すべきものと考えられてきたが、今では、その「失敗は早い段階で何度でも」という考え方が一般にも広まりつつある。教育界でもビジネス界でも、失敗は恥ずかしいことではないという考えが大勢を占めつつあるのはとてもいいことだ。スミス大学では最近、「上手に失敗する」という授業が始まった。成績優秀な学生たちに、挫折したときにどうやって対処し、受け入れるかを教える授業だ。スタンフォードやハーバード、ペンといった大学でも、同様の改革が進んでいる。

ニューヨーク市を拠点にするスタートアップのメディア企業〈スキム〉の創業者、ダニエル・ワイズバーグとカーリー・ザーキンは、「やらかしました」と書かれたヘルメットを作った。毎週スタッフミーティングをする際、その週に新しいことに挑戦して失敗した人にこのヘルメットを贈り、それをかぶって失敗談を胸を張って話してもらうのだという。

わたしはもう失敗が怖くない。じつは、下院議員選挙で負けて間もない2013年にも、ニューヨーク市市政監督官の座を求めて無謀な戦いを挑み、またも失敗した。先月はうっかり姪《めい》の誕生日を忘れたし、今朝は息子のおむつを替えていておしっこをかけられた。そうやって何度も大小の失敗をしつづけるうちに、わたしは自分の人生を、完璧じゃなくてもいい人生にしていった。ヒラリー・クリントンの言葉ではないけれど、やっぱり「やらないより、やってみるほうがいい」のだ。

俗説⑥ 完璧じゃなければ前進できない

悲しいことに、女性は男性の2倍働いてやっと同等と認められる。いまだにそれが現実だ。そんな世の中だから、これ以上なく頑張っている女性の大半が、成功するためには秀でているのはもちろん、完璧じゃなくちゃいけないと考えてしまうのだろう。

でも前述したように、実際には、完璧であろうとするとかえって成功の足を引っぱることが多い。

リーンインとマッキンゼーが2015年に発表した報告書によると、女性が上級管理職に就かない主な理由は、家族への義務感からではなく、地位が上がることで増えるストレスやプレッシャーを避けたいからだという。ウォール・ストリート・ジャーナル紙はこの報告書の要約として、「上級職への道は、女性にとってとてつもなくストレスが多い」と書いている。たしかにそのとおりだろう。だが、このとてつもないストレスは、女性が仕事を完璧にこなさなければならないと思っているせいでもある。

拒まれたり失敗したりするのが怖い、という理由で、わたしたちは今までどれほど出世の機会を逃してきただろう。「得意じゃないので」と言い訳をして、仕事や昇進を断ってきたことが何度あっただろう。ビジネス界や政界でリーダーシップをとる女性が少ない要因には、ガラスの天井や、仕事と家庭の両立の問題がある。でも「完璧でなければ」という考えも、思いっきり女性を縛りつけている。女性が公職選挙に立候補しないのも、男性のようにはやっていけないと思っているからだ。そうではないという調査結果があるにもかかわらず。つまり、足を引っぱっているのは、完璧ではない自分をさらすのが怖い、自分にはリーダーシップが備わっていないといった思いこみであって、決して能力がないからではない。

わたしはこれまで、法曹界や金融業界で多くの男性と働いてきた。今身を置いているテクノロジー業界でもそうだ。その経験から言える、男性たちに共通する特徴は、積極的に何かに挑戦しようという自発性だ。そのとき準備がじゅうぶんかどうかは関係ない。

もし、わたしが「ガールズ・フー・コード」のスタッフに、メンバーを率いて新たなビジネスチャンスに挑戦したい人はいる？　と聞いたら、男性陣はきっと、すぐに手をあげるだろう。その分野の経験がまったくなくても。金融業界にいたころのわたしの上司も、進んで人事の仕事を引き受けていた。人事の経験はゼロだったし、組織が翌年300％の成長を見こんでいたというのに。でも、女性のスタッフに、未経験の分野の新しい一大プロジェクトを率いるよう頼むと、たいていは「自分にそれだけの素質があるでしょうか」とか「一晩よく考えさせてください」といった言葉が返ってくる（しかも最終的な答えは、ほぼ「ノー」）。

男性がビジネスを一から立ち上げるのも数えきれないほど見てきたが、彼らはみな、自分がそのビジネスにかんする勉強をしていないとか、専門知識がないとかいったことはまるで気にしていなかった。ツイッター（現X）の共同創業者ジャック・ドーシーが決済サービス企業〈スクエア〉を立ち上げたのは、支払いをより簡単にする方法を考えることに興味があったからで、モバイル決済に精通していたからではない。金融サービス会社を設立した経験もなかった。それでも、立ち止まったりはしなかった。

「ハッシュ」という、コスメ製品を販売するおしゃれなアプリがある。大人気のそのアプリを立ち上げたのは、20代の技術系の男性3人だ。きっかけは、自分たちが運営するバーゲン専門サイトで化粧品の売上がいちばんよかったことにたまたま気づいたことだという。「俺ら男だから……化粧品のことなんて、なんにもわかんないし」。だから、まずスタッフを集め、6割を女性が占めるそのスタッフの力を借りて、アプリを正しい方向へと導いていった。

彼らと対照的なのはティナだ。彼女はいつもわたしの髪をカットしてくれる、聡明で才能ある女性だ。本当は自分の店を持ちたいのに、ウェブサイトの立ち上げ方も店の始め方もわからないからと諦めている。わたしたちが小さいころから教えられてきた「努力のあとを見せない完璧さ」という理想の登場だ。すべてを簡単にやっているように見せるべきだと信じていると、もっと大事なスキル、自分には手助けが必要だと認めるスキルを身につけるチャンスを逃してしまう。ティナと同じような経験のある女性は多いだろう。

完璧主義は、給与の面でも悪影響をおよぼす。なぜ男女の給与格差はいつまでたってもなくならないのか、という問題はずっと議論が続いている。女性が直面している性差別や構造的な差別は越えられない壁なのか？　それとも、女性が給料の安い仕事を選んでいるだけなのか？　実際にはそこに、仕事は完璧にしなくてはいけない、という考え方も絡んでいる。そんなこだわりのせいで、高収入を得られるチャンスを逃しているのだ。また、でしゃばりだと思われたら嫌だという心配から、お金のことはなかなか切りだせない人も多い。でも、そう思っているかぎり、昇給は難しい。

どんなに経験豊富で力があっても、女性のほとんどは不安を抱えている。アカデミー賞を受賞したジェニファー・ローレンスは、大ヒット映画『アメリカン・ハッスル』で、自分のギャラが男性共演者よりもはるかに少ないと知っても、どう思われるかが不安で平等にしてほしいと強く言えなかった。そして、そんな自分を責めた。「抗議することなく契約を結んだのは、いい印象を与えたかったからじゃない、って言ったら嘘になる」。彼女はフェミニスト・ニュースレター『レニー』にこう寄稿した。「〝気難しい〟とか〝わがまま〟だとかと思われたくなかった。ただそれは、ネットで他の人たちのギャラを目にし、いっしょに仕事をしていた男性がひとり残らず、〝気難しい〟とか〝わがまま〟だとかと思われるのをまるで気にしていなかったと気づくまでの話」

そう、だからわたしたちも、もっと勇気を出さなければ。自分に見合った金額を要求し、手にするために。

今どきの完璧な女の子が失敗以上に我慢できないのは、否定的なフィードバックを受けとることだという。ホテルのフロントデスクで働いているノラには、年に4回の勤務評価がある。いつも90％はプラス評価だ。なのに、彼女の目がいくのは残り10％、上司から改善が必要と指摘されたほう。しかも上司は、フロントデスクとしてお客さまにいつ、どうやってよりよいサービスを提供できるかを提示しているだけなのに、彼女は、自分が失敗をして上司を失望させたと考えてしまう。「顔で笑って心で泣いていたんです。そのことが気になって、数日は生きた心地もしませんでした」

わたしたち女性は、小さいころから細かいことをあれこれ言われるのに慣れているはずなのに、どうして大人になってから、ちょっとしたことでひどく傷つくのだろう。なぜ、そんな批判に負けるもんか、と思わないのだろう。おそらく、幼い子は、幼いがゆえに〝注意〟を〝否定〟ととってしまう。その発想を、大人になってからも引きずり、どんなに些細なことでも、人格を非難されたと思ってしまうのだろう。

でも、否定的なフィードバックを正しく受けとめられないと、いずれ仕事に支障をきたす。どんなに役立ちそうに思えるフィードバックでも、女性の同僚には否定的なことは言わないようにしている、と話す男性は少なくない。「そんなことを言って泣かれたら困るからね」と。残念ながら、その言葉どおりになることがたまにある。これもまた、完璧主義の弊害だ。

わたしたちの多くは、頭では「完璧主義が足を引っぱっている」と理解している。だけど同時に、さまざまな俗説が間違っていると気づいたからといって、一夜にしてそれらを克服できるわけじゃないのもわかっている。本を読むだけで、完璧主義の呪縛から解き放たれるなら、こんなにすばらしいことはないけれど、現実はそう簡単にはいかない。

勇気をもち、自由になるために何より大事なのは、もう一度学び直すこと。そして一歩ずつ進むこと。そうすればきっと、完璧な女の子は姿を消し、大胆で自信に満ちた女性が姿を現すだろう。

(俗説の先にある真実)

ところで、完璧主義にまつわる俗説の先には、真実がひとつある。

完璧は退屈、ってこと。

〝完璧〟とは、間違いも、失敗も、荒削りなところもない状態をいう。でも、よく考えてみて。実際にわたしたちを楽しませてくれたり、人生を豊かにしてくれたりするものにはたいてい、はちゃめちゃだったり荒削りなところがあるでしょ。自分の不完全さを受け入れるだけでも喜びが生まれる。だいいち、完璧なら、学んだり努力したりする楽しみもない。

わたしは、バスケットボールにまつわるオバマ元大統領の話が好きだ。彼は最初、バスケが下手だった。テクニックもなかった。でも好きだったから、ひたすら練習した。するとやがて、完璧にできなくてもシュートが決まればいいんだということがわかってきた。この新しい考えを受け入れられるようになったことで、満足感を得られたという。それは、のちに偉大な指導者としての彼の資質ともなった。

わたしが知る、ことのほか魅力的な人たちにはみな、欠点もあれば変わった癖もあって、それが独自の魅力になっている。

友人のナタリーは遅刻魔だけど、毎回、来る途中にあったことを面白おかしく話してくれるので、なんだか楽しくなってくる。

ダールクがニューヨークに来てうちに泊まっていくと、わが家はいつも嵐が去ったあとのようになる。でも、あれほどのすばらしい創造力をもった人をわたしは知らない。

アディタは、頭に浮かんだことをよく考えもせずにそのまま口にする。そのせいで、きつい言葉に傷つくこともあるけれど、たいていは的を射た、耳を傾けるに値するコメントだ。

わたしはといえば、正しいことが大好きで、正しくあろうとするあまり、少々（いや、正しく言おう、かなり）厚かましい態度に出ることもあるけれど、そのおかげで、何があっても自分の理想をしっかり守っていける。

考えてみると、完璧になったとしても満たされないなら、完璧になろうと努力すること自体、おかしな話だ。

それに対して、勇気をもとうと努力すれば、完璧になろうとして危うく失いかけたものすべてを人生にもたらせる——心からの喜び。真の達成感。不安に飲みこまれることなく、立ち向かっていく力。新しい冒険や可能性を拒むこともない。間違いも、よくない結果も、つまずきも、失敗も、自分の魅力も、自分だけの人生をつくる大事なものとして受け入れていけるのだ。

Part Two

勇気とは何か

Brave, Not Perfect

4章

勇気があるとは、どういうことか？

この本を書いている今、わが国では、女性と勇気にとって大きな転換点となる出来事が繰り広げられている。

始まりは2017年の秋。ニューヨーク・タイムズ紙が、ハリウッドの巨人ことハーヴェイ・ワインスタインによる何十年にもおよぶ性暴力を告発する、容赦ない記事を掲載した。すると、多くの女性たちが、次から次へと自分の体験を口にしはじめた。携帯電話では毎日のように「速報」を知らせるアラームが鳴った。エンタメ界、スポーツ界、学術界、メディア、政界、まさにありとあらゆる社会で、力を持った男たちが、その地位を利用して女性に嫌がらせをし、危害を加え、脅迫しては黙らせていたことが明るみになったのだ。

これがきっかけになって、怒りの声をあげ、何年もとらわれてきた忸怩《じくじ》たる思いを解放したMeToo運動が起こった。最初はゆっくりと、けれどやがて驚くほどの数の女性が、猛烈な勢いで参加した。不安の陰から出てきた女性たちは口々に言った。「もうイヤだ」。そう、黙っているのはもうイヤ。都合のいい人間のふりをするのはもうイヤ。仕方がないの一言で自尊心を手放すのも、恩着せがましい戯言《たわごと》や言葉の暴力を黙って受け入れるのも、もうイヤ。

この運動には、歴史的な意味があった。それまで、セクハラをする男どものキャリアや評判には手も足も出せなかったのが、一瞬にして崩れ去ったのだから。

MeToo運動によって、無数の女性たちが声をとり戻した。女性が団結して勇気を出せばどんなことが起こるかを、世の中に示すこともできた。そしてまた、わたしたち女性は、勇気について考え直す新たな機会も得た。なぜ勇気が大事なのか。誰が勇気をもっているのか（もちろん、誰もがもっている）。なにより、「勇気の定義」とはなんなのか。


セリーナ・ウィリアムズは全米オープンで、テニス界にはびこる暗黙の上品ぶったルールを破り、自分に対する露骨な偏見にあえて感情をあらわにして対抗した。それは自分自身のためであると同時に、すべての女性テニスプレーヤーのためだった。わたしはそんな彼女の姿を、誇らしい気持ちで見た。

心理学者のクリスティン・ブラジー・フォードが、怯《おび》えながらも決然と、最高裁判所の判事ブレット・カバノーから受けた性的暴行について証言する姿をテレビで見たときは、圧倒されて、その場から動けなかった。

こうして、一人ひとりの勇気ある女性の声が世の中を変えている。

他にも多くの女性が、さまざまな形でそれぞれの勇気を示している。固定観念を無視する人、自分の声で堂々と主張する人、不当な扱いに声高に異を唱える人、ガラスの天井を突き破る人……。

わたしたちも、「勇気とは何か」をみつめ直し、それを発揮してしこう。

〈勇気は男性の特徴なのか〉

最初に言っておくけれど、この答えはもちろん「ノー」だ！

ＴＥＤでスピーチをしたあと、いろいろな反応のなかでもとくにわたしの記憶に残っているもののひとつが、ある男性のコメントだった。彼は、ウェブサイト〈武装逃亡犯〉（キャッチフレーズは「セックス、ソフトウェア、政治、銃器。人生のシンプルな喜び……」）に「女性は卵巣があるから勇気がない」と投稿した。

彼によると、女性が慎重でおどおどしているのは生まれつきらしい。「女性が生涯で排卵できる時期はかぎられていて、進化的適応環境（ＥＡＡ）では、妊娠は死の危険を伴うものだった。いっぽう男性は、事実上無限に精子を提供できる。つまり、人類の繁殖を成功させるためには、個々の男性よりも個々の女性の存在のほうがはるかに重要だ。ゲーム理論で考えてみればいい。だから、女性のほうが男性よりも本能的にリスクを回避できなければおかしいということになる」

そうだろうか？　よく聞いてほしい。わたしの卵巣は、わたしがどれだけ勇気をもとうと、いっさい文句は言わない。彼の理屈は論理的に聞こえなくもないし、男性陣からは同意を得られるかもしれない。でも、科学的にはどう見ても欠陥だらけ。よくあるこの手の意見は、今こそ断ち切るべきだ。

生まれながらに勇気をもっている人などいない。生物学的に勇敢なのは男性だと決まっているわけがないし、男性ホルモンのテストステロンだけが、勇気を手にできるすばらしい万能チケットなわけでもない。それなのに、この「男性のほうが生まれつき勇気がある」という考えは、さまざまな形で繰り返し主張されている。たぶん、あなたも耳にしてきただろう。脳が危険を察知するしくみは複雑なのに、男性はテストステロンが多いから、あるいは生殖相手を大胆に口説くよう有史以前からプログラミングされているから勇敢？　どれもこれも大嘘だ。

進化論は本質的に生殖の成功、つまり適者生存に行きつくけれど、男性の勇気は種の存続を可能にする特徴だという理論は再考すべきだ。ターザンとジェーンのように、筋骨たくましい男性は外に行って巨大なマストドンを恐れることなく仕留め、身重の妻は裸足で洞窟の家にいて、そこをしっかり守るという考えは、どう控えめに言っても時代遅れ。

気が遠くなるほど時間はかかったけれど、わたしたちは進化してきた。女性の仕事が、木の実を集めたり、パイを焼いたり、ドライマティーニをつくったり、楽しそうなお飾りとして存在するだけだった時代は、とっくに去っている。

言うまでもなく、現実をよく見れば、男性以外にも多彩な勇気を示す人はたくさんいる。トランスジェンダーの軍人チェルシー・マニングは、政府の汚職にかんする機密文書を公開した。オーストラリアの上院議員ラリッサ・ウォーターズは、働く母親の権利を主張して、連邦議会場内で娘に授乳をした。生活が崩壊したり、後ろ指をさされたりする危険をおかしてでも、権力をもった男から受けた性暴力を暴露した女性だって大勢いる。

勇気という言葉の示す範囲も、定義も、すさまじい勢いで進化している。そしてそれを示す具体的な例もたくさんある。どれも、女性にとっていい傾向だ。これからの時代は、すべての女性が勇気をもつすべを身につけていくだろう。

（べつの視点から見てみると）

2013年は、わたしの人生に大きなイベントがふたつもあった。選挙に負けたことはすでにお伝えしたけれど、もうひとつ、その数か月後に三度目の流産をしたのだ。当時は、悪いことばかりが起こってその連鎖が止まらないような気がしていた。

わたしたち夫婦の友人ジュンの結婚式があったのは、その少しあとのことだ。わたしは夫に引きずられるようにしてニュージーランドへ向かった。ジュンは冒険心あふれるユニークな性格で、今回も出席者にちょっとスリリングな経験をしてもらそうとバンジージャンプを用意していた。

何をかくそう、わたしは高所恐怖症だ。ビルの最上階にいるだけで吐き気をもよおす。足首に命綱1本つけただけで橋の上から身を投げるなんてとんでもない。けれど、思いどおりにいかない人生に悶々としていたから、ここで頑張って高所恐怖症を克服できれば、ずっと抱えてきた苛立ちや悲しみを手放せるような気もした。

結局、わたしは飛んだ。夫といっしょに。最初から最後まで目を閉じっぱなしだったけど、知っているかぎりの神様に片っ端から祈っていたけど、それでも飛んだ。もちろん怖かった。でも飛んでいる間、ワクワクもしなければ解放感もなかったと言ったら嘘になる。その後アメリカに戻ったわたしは仕事を再開し、もう一度妊活にも挑戦した。そしてどちらも思っていた以上にうまくいった。

さて、この話のなかで、あなたはどれがいちばん勇気のいることだったと思うだろう？　これまでの定義（またの名を男性の定義）で考えれば、バンジージャンプという答えになるかもしれない。でも、命知らずなことをすることだけが勇気じゃない。わたしは、バンジージャンプも、屈辱的な敗北のあとで仕事を再開したことも、三度ものつらい流産を乗り越えての妊活も全部、勇気ある行動だったと思っている。

勇気の形はさまざまだし、そのどれもが大切で価値がある。それに、ひとつの勇気が次の勇気を生んでいく。勇気の筋肉はそうやって、ことの大小にかかわらず、1回ごとに鍛えられていくのだ。

（〝プリンセス〟より〝ホットドッグ〟）

わたしの友人カーラは勇気がある。共同創業者との関係がうまくいかなくなると、大成功した会社をあとにし、新たな会社を立ち上げた。でも、会社を辞する勇気をかき集めるのに数年かかったという。最初の会社を軌道に乗せるために全身全霊を捧げてきたし、成功に多くを賭けてもいたし、自分からこの仕事をとったら、自分が自分ではなくなってしまいそうでもあったから、と。

シャロンも勇気がある。彼女は、25年におよぶ快適な結婚生活と気楽な日々を手放した。心の奥底ではずっと、自分が同性愛者だと自覚していて、自分の気持ちに正直に生きなければ残りの人生を後悔したまま過ごすことになる、と思ったからだ。

わたしの息子のベビーシッター、オードリーも勇気がある。彼女は乳がんと闘って、生きながらえた。

家族に認めてもらえない人生やパートナーを選んだ女性、シングルマザー、母親にはならないという内なる声を尊重した人……、みんな、勇気がある。子どもが生まれてからまた学校に通った女性、仕事に復帰した女性、それから仕事に復帰しないことを選んだ女性もみんな。自分はなんでもうまくこなせるという幻想を捨て、助けを求める覚悟をもった女性も。

ひどい扱いを受けたとき、仕事を失ったり後ろ指をさされたりするかもしれないリスクがあるのに、声をあげた女性も勇気がある。間違った自分を引きずらない人も、たまには子どもに出来合いのピザを食べさせる人も、悪かったと思ったら弁解したり人のせいにしたりしないで「ごめんなさい」と言える人も、勇気がある。

ありのままの自分を、弁解せず、堂々と誇れるのも勇気だ。少し前、ノースカロライナのエインズリーという5歳の女の子の画像がバズった。彼女は、通っているダンス教室で行なわれた「プリンセスウィーク」に、シンデレラのドレスでも、『アナと雪の女王』のどちらかのドレスでもなく、ホットドッグの仮装で参加した。教室の先生が、その勇気ある選択に感動して写真をSNSにアップしたところ、一気に拡散されたのだ。人々はこぞってエインズリーをたたえた。彼女は、気づかないままに、なにものにもとらわれず自由に表現したいと思っているわたしたちを励ましてくれた。わたしのお気に入りのポストはこれ。「プリンセスだらけの世の中で、あえてホットドッグになったなんてすごい」

エインズリーにかぎらず、勇気についていちばんよく教えてくれているのは、今どきの女の子なのかもしれない。わたしの友人バレリーの娘は、7歳でトランスジェンダーだと自覚した。バレリーは、まだ幼いわが子がジェイムズからジャスミンになれるよう支えてやり、ジャスミンは翌年、知り合いのいない学校へ通いはじめた。はじめのうちは、生まれたときの性別を隠した。からかわれたり、もっとひどい目にあったりするかもしれないから。でも、その後のジャスミンの行動は、わたしが想像しうる最も勇気あるもののひとつだった。クラスで性自認について学んでいたとき、幼いジャスミンはみんなの前で自ら秘密を話したのだ。クラスメイトは口もきけないほどびっくりしたらしいけれど、すぐにジャスミンのまわりに集まって彼女を力強くハグし、あなたが友だちでいてくれて誇らしいと口々に言ってくれたそうだ。

反感を買うかもしれなくても、声をあげる人は勇気がある。2017年1月、トランプが大統領に就任して数日後、わたしはイヴァンカ・トランプの秘書室から電話をもらった。彼女が先頭に立って始めるコンピュータサイエンス教育について話がしたい、とホワイトハウスに招かれたのだ。だがその数日後、トランプ大統領は、イスラム教徒が多数を占める7か国の国民に対して入国を制限する大統領令に署名した。移民の娘であるわたしは激しい嫌悪感を覚え、同時に、「ガールズ・フー・コード」に参加しているたくさんのイスラム教徒の女の子のために立ち上がらなければ、という強い義務感にかられた。この政権に協力することなどできない。イヴァンカからの招待は断った。

その年の後半には、デトロイトで開かれたイベントに、大勢のテクノロジー界の著名人が顔を揃えた。教育省が2億ドル（約290億円）を拠出して主催した、コンピュータサイエンス教育への取り組みを祝うイベントだった。彼らの多くは今でも友人だし、業界仲間だ。それでも、わたしはそのイベントに参加しなかった。偏見で多くの人を傷つけているトランプ大統領に反対する意志を、はっきり示さなければならないと思ったからだ。

その思いがとても強かったので、ニューヨーク・タイムズ紙への寄稿依頼にも応じ、自分の立場を表明した。本当のことを言えば、記事が掲載される予定の朝、わたしは怖くてたまらなかった。言っていることは正しいと心の底から強く信じていたものの、テクノロジー業界には、ひどく怒る人もいるだろうとわかっていたから。権力のある人に異を唱えるのはとてつもなく大変だし、場合によってはとり返しのつかないことになる。スポンサーを失う可能性だってあった。なにしろ、わたしはその記事の中で、「ガールズ・フー・コード」の大口スポンサー何人かを非難していた。その大半が業界の大物や第一人者で、いずれも自分の信念に疑問を差しはさまれることを快く思わないような面々だった。

それでもわたしは、恐れに負けず、自分が正しいと信じることをしなければと思った。スポンサーへの恩義から、権力をかさにやりたい放題の連中に黙って従うくらいなら、立ち向かっていくほうがましだった。

予想に反して、覚悟していた批判はいっさいなかった。かわりに待っていたのは、全国から寄せられた少額の寄付だった。もっと多様性が広がることを望んでいるという先生たちからは応援のメッセージが届き、母親たちからは「ありがとう」の言葉を贈られた。ある人は「絶対に当たり前にしてはいけないことがある」と言った。自分のしたことをひけらかすつもりはない。ただ、リスクを伴う行動も、最後には認められ、受け入れられることを、あなたには知っておいてほしい。

どんなことでも、〝最初のひとり〟になるには勇気がいる。ビル・コスビー（コメディアン）、ビル・オライリー（ニュースキャスター）、ロジャー・エイルズ（FOXニュース創業者）、ドナルド・トランプ、シリコンバレーの投資家たちといった権力をもつ男性のセクハラや性的虐待を告発した勇気ある女性たちは、自分の話なんてきっと信じてもらえないだろうと知りながら、それでもやってのけた。いずれも、ハーヴェイ・ワインスタインの事件で世の女性たちの怒りが爆発し、MeToo運動という大波へつながっていく前のこと。だからなおさら、彼女たちは賞賛に値する。案の定、彼女たちの言い分はほんとどまともにとりあってもらえず、すさまじい脅迫や、メディアからの悪意ある攻撃にさらされた。それでも、みな一歩も引かなかった。

最初のうちは、彼女たちが経験した苦しみのすべてが無駄だったようにも見えた。でも、そんなことはなかった。当時はわからなかったけれど、彼女たちが断層にひびを入れてくれたのだ。それが史上最大級の地すべりを引き起こした。彼女たちがいなかったら、MeToo運動もなかっただろう。

ひとつはっきりしているのは、〝勇気は伝染する〟ということだ。最初に立ち上がったのはたったひとりの女性でも、その声は多くの人を励まし、やがて大きな流れとなっていく。

もちろん、勇気が発揮されるのは公の場だけではない。たとえば、「ガールズ・フー・コード」の卒業生バレンティーナは、高校2年のとき、生まれながらのくせ毛をそのまま伸ばすことにした。小さな決断に思えるかも知れないが、彼女の学校では前代未聞のことだった。つややかなストレートヘアこそが美しい、そんな校風だったから。意地悪なことを言ってくる生徒はいなかったのか？　当然いた。でも、それ以上にたくさんの女子が、わたしもあなたみたいにできる勇気があったらって思う、とこっそり声をかけてくれたという。

そこでバレンティーナは、学校でクラブを立ち上げることにした。クラブの名は「ノウ・ユア・ルーツ（自分のルーツを知ろう）」。バレンティーナは言った。「みんながそうしてるんだから、あたしたちも髪をストレートにしなくちゃいけないみたいな気持ちにさせられる。けど、その裏では、ありのままの髪をきれいって思うことに不安を感じて苦しんでる子がたくさんいるの」

目立つこと、大胆なこと、つらいことをするのだけが勇気じゃない。期待されていることをせず、自分に正直でいるのも立派な勇気だ。息子が生まれたとき、わたしはできるかぎり母乳で育てるのが当然だと思っていた。育児書も、看護師も、他のお母さんたちもそう言っていたから。息子のためには精一杯のことをしてやりたい。だから必死に頑張った。

でも、仕事に復帰したとたん問題だらけになった。3時間おきに目を吊り上げて、母乳を出せるスペースのあるトイレを探した。狭くて臭い機内のトイレで母乳をしぼってブラウスにシミをつけたりもした。出勤前に母乳をあげるために、アラームは午前5時にセットした。イライラして、へとへとで、もう目も当てられない状態だった。

言うまでもなく、夫にはめちゃくちゃムカついていた。どうしてわたしだけがこんなに苦労しなくちゃいけないの？　新米ママの幸せなんて吹っ飛んだ。ついに、著名な心理療法士で、人間関係の専門家でもある友人のエスター・ペレルに助けを求めた。事情を話し終えたわたしを見て、彼女は単刀直入に言った。「母乳をやめなさい」

その言葉がズシッと胸に響いた。そんな選択肢があるなんて夢にも思わなかった。でも、アドバイスに従ったら、母親であることが楽しくてたまらなくなった。母乳を手放したら、イライラする情緒不安定な母親から、わが子のためにこうありたいと願っていた親になれた。

前述したシャロンのように、勇気をもって結婚生活に別れを告げた女性もいるいっぽう、勇気をもって結婚生活を続けることを選んだ女性もいる。

昔から、夫の不倫で離婚して自立する女性は勇気があると言われてきた。離婚は恥ずべきことだったから。でも、エスターが『不倫と結婚』（晶文社）で指摘しているように、もはや離婚は恥ずかしいことではない。昨今ではむしろ、パートナーが浮気をしたのに離婚しないと白い目で見られたりする。けれど、どっちが正しい選択かは自分で決めるものだ。「女性はいろんなことを考えたうえで決断する。だいたい、何十年も続いた関係をどうするかなんて、ひとつの問題だけで決められっこない。まわりの雑音なんかに耳を貸しちゃダメ」とエスターは言う。

自分がやりたくないこと、とくに、そのせいで友人や大切な人をガッカリさせるかもしれないことに「ノー」と言うのは、それだけ自分を尊重しているからで、とても勇気ある行動だ。つねに相手の立場になり、相手を思いやりなさいと教えられてきたわたしたち女性には、それを振り払うのが恐ろしく大変なはずだ。本当は気が進まないのにパーティに行ったり、委員や役員になったり、子どもの学校でボランティア活動をしたり、親戚にお金を貸したり、友人のために一肌脱いだりしたこと、あなたはない？　「申し訳ないけど、今はそれをやる余裕がないから」というひとことを言うのにはものすごく勇気がいる。謝ったり言い訳したりしないで「ありがとう、でも結構よ」と言うだけとなるとさらに大変だ（わたしもまだ努力中……）。

「100かゼロか」という考え方から抜けだし、うまくできるかどうかわからないことをやってみる人も勇気がある。

スー・リンは、何か月もかけて新しいコメディ番組の台本を書いた。だけど、ネットフリックスのコンテンツバイヤーに売りこみのメールを送るのは不安でたまらなかった。拒絶されたらもう立ち直れない。それでもとにかく、祈るような気持ちで送った。

マリサは離婚したあと、またデートをするのが怖かった。それでも頑張ってプロフィールを書き、出会い系サイトに登録した。必ずしもいい出会いがあるわけじゃないことはわかっていたけど、家でひたすら飲んだり食べたりしながら『ダウントン・アビー』を見ているよりは、一歩踏みだしたほうがずっといいと思ったからだ。

大事なのは、表面的な勇気ではなく、本当の勇気をもつことだ。本当の勇気は多種多彩で複雑で、状況に応じて変化する。世の中には起業家としては大胆で勇ましいのに、デートとなると弱気になる人もいれば、株式投資は完璧で余裕すら感じるのに、スカイダイビングは絶対できない人もいる。わたしの場合は、大勢の前でスピーチをするのは平気なのに、パーティでカラオケを歌うのは想像するだけでパニックになる。

要するに、勇気はとても個人的なものってこと。絶壁を降りるのがいちばんの勇気だという人もいれば、20人を前にスピーチするのがいちばんの勇気という人もいる。戦場で戦う兵士には勇気があるが、避妊や中絶の権利のために戦う女性だって勇気がある。危険をおかしてでも誰かの命を救おうとする人には勇気があるが、人生をかけて権力者による性的虐待を告発する女性だって勇気がある。
どれもが勇気ある行動で、どれもが大事だ。

（自分らしい勇気を見せる）

女性が何かしら大胆なことや勇気のあることをすると、それを世間では〝男まさり〟と表現し、素直にほめないことが多い。勇気と権力の座にあるのは男性だ、と言いたいのだろう。まあ、わたしたち女性は男性のような勇気をもつ必要はないし、男性のような成功を手にする必要もない。〝男性ばりに〟というのは古臭い考え。いいかげん飽きた。

男性のようにしたからって、どうなるわけでもない。仕事で男性と同じように出世したとしても、給料は低いまま。どっちを選んでもうまくいかないというジレンマは、耳にタコができるほど聞いてきた。女性は愛情たっぷりで、思いやりがあって、優しくなければ好かれないのに、そういう人はリーダーシップを発揮する地位からは締め出される。かといって、自信たっぷりに、歯にきぬ着せずに発言し、勇ましく行動すればボロクソに批判される。

さまざまな研究が示しているように、女性がタフだったり、相手が話しているときに相手の目をじっと見るなどして無言の圧力をかける、典型的な〝男らしい〟特徴を示したりすると、待っているのは強烈な反感だ。積極的にふるまう女性を受け入れる寛大さは、残念ながら職場にはない。ただし、〝今は〟とつけ加えたい。わたしたちが子どもたちの育て方を改め、性差に基づいた行動をやめさせていけば、あとの世代がこの悪しき状況を変えていけるはずだ。

　わたしたちの世代はまだ、ジレンマから逃れるのに勇気がいる。とはいえ、わたしたちに必要な勇気は、男性のような勇気ではない。昔ながらのルールや定義にとらわれず、わたしたちのやり方で、自分たちの強みを生かした勇気を示すのだ。たとえば、女性のほうが感情が豊かだと言われる。すばらしい。それが不都合ではなく強みだということは、多くの調査でも証明されている。

　プライスウォーターハウスクーパーとクラウドファンディングセンターの報告によれば、クラウドファンディングにおける資金調達の成功率は、男性よりも女性のほうが32％以上も高い。女性は売りこみの際、情緒のある言葉や性差別を避ける言葉を使うことが多く、それが、スポーツや戦争にちなんだ使い古された比喩や、典型的で冷たいビジネス用語よりはるかに投資家の心に響くからだという。

　また、女性は概して男性よりもリスクを回避する傾向にある。および腰だからと言われるかもしれないけれど、わたしは、聡明で慎重で思慮深いからだと思う。リーマン・ブラザーズがリーマン・シスターズだったら金融危機は回避できた、と考える人が多いのには理由がある。

わたしたち女性は長い間「どうすれば男性が決めたルールに従ってゲームに参加できるか」を必死に考えてきた。でもそれは、誰かの歩いた道を通って、地図に載っていない場所を探検しようとしているようなもの。他の人のやり方を真似したところで自分らしくなんかできないし、他の人の定義した成功を求めて頑張ったところでたいした成功はできない。そもそも、他の人の決めたやり方で成功したところでなんになるだろう?

そろそろ、やり方を変えて臨まなければ。〝自分らしい勇気〟は、世間で言われる成功ではなく、自分が望むことや自分が幸せになれることを基準にする。上院議員やフォーチュン５００にランキングされる企業のＣＥＯになるのが、自分の心から望む目標ならそれでいい。でも、誰にとってもそれが望みなわけじゃない。勇気をもつための〝正しい〟道がひとつではないように、成功への〝正しい〟道もひとつではない。

よくご存じのように、職場でも、政界でも、その他いたるところでも、女性に対する偏見がある。そもそも構造に問題がある。たとえば、アメリカで公職に就いているのはおよそ50万人だが、そのうちの79%を白人男性が占めている。褐色の肌をした女性は立候補すべきでないってこと?　もちろん違う。現実を直視し、失敗するかもしれないことを踏まえたうえで、それでもやってみる価値はある。

わたしが言いたいのは「目標を高く掲げろ」ではない。「不安や恐れのせいで目標を追い求めるのをやめないで」だ。挑戦する前に諦めちゃダメ。勇気を出して成功すれば、言うまでもなくハッピー。成功しなかったら？　もちろんがっかりするだろうけど、それでもきっと自分を誇りに思うにちがいない。キャロル・ドゥエックが言っているように「死に物狂いで頑張った」のだから。

残念ながら、男女平等にまつわる状況が大きく変わるには、まだしばらく時間がかかる。喜ばしくない話だけど、見方を変えれば「この先に待ちかまえるさまざまな障害にどう対応し、行動していくかは、わたしたち次第」だということでもある。権限や尊敬や機会を、他者から力ずくで奪いとるのではなく、勇気をもって、自分たちで生みだしていけたらすばらしい。

文化を変えていくには「働きかけつづける」ことが大切だ。現実ばなれした美の基準や、プログラミングの学位をとるのも自分の意見を堂々と言うのも男性の専売特許みたいなことがまかり通る世の中も、変えなくてはいけない。すぐでなくていい。いつかきっと、もっといい世の中をつくっていくことが、わたしたちにはできる。

その日のために、自分らしい勇気を定義し、その勇気を育み、ひとつずつ実践していこう。

5章

勇気の先には、いいことが待っている

人生には、やってみる価値のあることがいろいろある。でも、勇気がないとできないことがほとんどだ。勇気があるから、19回も側転に失敗したって、大手を振って20回目に挑戦できる。勇気があるから、大学や家から遠く離れた見知らぬ土地の仕事にも就ける。起業や転職、自分に見合った給料の要求ができるのも、勇気があればこそだろう。

弱さを認め、助けを求められるのも、自分を傷つけた人を許せる強さを身につけられるのも、勇気のおかげだ。それに、勇気があれば惜しみなく他の女性のサポートだってできる。ウィンストン・チャーチルが言ったとおりだ。「勇気がなければ、他にどんな資質があっても意味がない」

恋をするにも勇気がいる。本当の自分を誰かに見せるのにも、完璧ではない誰かを受け入れるのにも勇気がいる。エスター・ペレルが話してくれたように、勇気があれば、わたしたちは自分の弱さをさらけ出せるし、助け合うことができる。それができれば、本物の人間関係を築いていける。エスターはこうも言っている。「誰だって間違ったことをしたり、相手の気持ちを傷つけたりすることがある……だけど勇気があれば、そのことについてきちんと話をしたり、『ごめんなさい』って言える。勇気があれば、自分の欠点に気づいたときに深く恥入るばかりじゃなくて、それを受け入れられる。自分にはまったく関係がないことでも、他の人の喜びを自分のことのように喜ぶことができる」

勇気があれば、うわべだけの人間関係を、正直で本物の関係にしていける。あなたは、友人の前でどれくらい正直だろう？　勇気の筋肉を鍛えれば、とりつくろった関係は消えてなくなり、心と心でつながった本当の関係を築いていけるはずだ。

わたしには、ロー・スクール時代から仲よくしている女友だちが7人いる。みんな忙しくて、年に一、二度しか会えないけれど、会えばとたんに昔に戻って、流産や結婚生活の悩みも、誰にも言えずにいた不安も、そのときどきで自分たちが抱えている深刻な問題も隠さず話せる。あけすけに話すのはちょっとした勇気がいるけど、心を開いて本当の自分でいられるのはすごく気分がいい。

勇気があれば、親としてもより成長できる。親自身が自分自身に非現実的な期待を抱かなくなれば、子どもにもそんな期待を抱かなくなる。子どもの成績だの大学の論文の出来だのばかり気にするのをやめれば、子どもが学ぶ楽しさを知る手助けをしてやれる。完璧にやろうとするんじゃなく、努力する姿を見せ、失敗したり最後までできなかったりしたとしても、それでこの世の終わりなんかじゃないと示すことだってできる。親に勇気があれば、子どもは自分らしくいられるし、本当に好きなことをやれる。子どもの選ぶ道は、親にとっては納得のいかないものかもしれない。それでも、子どもはそのほうが幸せだし、心身ともに健全でいられる。親だって同じだ。

ちょっと格好をつけすぎかもしれないけれど、勇気があれば夢も叶えられる。どんな夢だっていい。経営幹部になりたい、ビジネスを立ち上げたい、ヒップホップダンサーになりたい、家族にカミングアウトしたい、動物保護区で働きたい、マラソンに挑戦したい、また学校に通いたい、小説を出版したい、結婚して子どもがほしい……。勇気があれば、今いる場所から夢の場所に向かって踏みだせる。

ひたすら外見を磨くのはもうやめよう。中身のない薄っぺらなものは、いつ剝《は》がれ落ちるかわからない。かわりに勇気の筋肉をつけよう。そうすれば、心配ごとがうんと減る。どんなことが起ころうと、きちんと対処できる。もちろん、勇気があればすべてうまくいくわけじゃない。でも勇気があれば、たとえうまくいかなくても、どんな苦しみに直面しても、怯《ひる》むことなく前に進んでいける。あなたの武器は完璧さではない、勇気だ。

放っておけば沈んでしまうようなときも、勇気があればまた浮かべる。生きていれば当然、自分ではどうすることもできないようなことにも遭遇する。失業、病気、大切な人との別れ……、どれもつらい。でも、そんな現実に直面しても、勇気の筋肉があれば、ない場合よりもずっと楽に乗り越えられる。この先の人生では、残酷なこと、不公平なこと、気が滅入るようなこともあるだろう。そんなことがなくなると言っているわけではない。勇気があれば、そういう状況に押しつぶされず、屈することなく立ち向かっていける、と言いたいのだ。

なにより、勇気があれば自由になれる！　勇気があれば、言いたいことも言えるし、本心じゃないことはすっぱり捨てて、ワクワクすることを追い求めていける。そうしたら、どうしようもなくやっかいで、欠点だらけのありのままの自分こそが、じつは本当の意味での完璧な存在だってこともわかるだろう！

Part Three

勇気ある女性になる方法

とある早朝、アトランタでの講演に向かうため、わたしはジョン・F・ケネディ国際空港内を歩いていた。ものすごく早起きしたし、向こうに着いたら会場に直行しなければならなかったので、太いカーラーはつけたままだった。もちろん着陸したらすぐに外すつもりで。

でも、セキュリティチェックを通過中、頭に特大のカーラーをつけた自分が注目の的になっているのに気づいて、思わず笑ってしまった。

ひんしゅくを買ったにちがいない。ただ、わたし自身はまったく気にしていなかった。むしろ、他の人にどう思われようが気にしないよう頑張ってきたのが、いつの間にか習慣になっていたのがわかって、天にも昇るような気持ちだった。

あなたもぜひ、勇気を習慣にしてほしい。悪い習慣は改め、いい習慣に変えていこう。それにはまず、変えるべき行動を意識し、それを変えようと決意しなくちゃいけない。一度ではできないから、繰り返そう。すると、だんだん、よりよい習慣が体に染みこんでくる。

ここから先の章では、そのために役立つ情報を紹介している。ヒントやアイデアや実践方法だ。専門家から教えてもらったことや、わたしが実際にやってみて（何度も何度も）、変わっていくなかで気づいたこともある。ただし、何をもって「勇気がある」と言うかは、一人ひとり違う。だから、自分にいちばん合っていると思うもの、いちばん必要だと思うものを選んでやってみてほしい。

たとえば、「ノー」と言うのが苦手な人は、8章を中心に読むといい。拒まれるのが不安な人は7章を見てほしい。女性同士で団結し、他の女性に手を差しのべられるようになりたい人には9章がおすすめ。ここには、どうやってみんなで力を合わせて頑張っていくかが書いてある。失敗やとんでもない間違いを乗り越えられる自信がまだないという人は、10章をどうぞ。

それぞれの章に、毎日実践できることを記してある。いつでも、何度でも、どんな順番でもいいので、やってみてほしい。

スポーツや演奏と同じで、やればやるほど簡単にできるようになるのがわかるだろう。そしたら、ワクワクしてくるだろう。

頭に特大のカーラーをつけて空港を歩かなくても大丈夫（まあ、そうしたいなら別だけど）。ちょっとした勇気を手にする練習を始めたとたん、最高に心沸き立つ幸せな気分を味わえるはずだ！

Brave, Not Perfect

6章

勇気の育て方

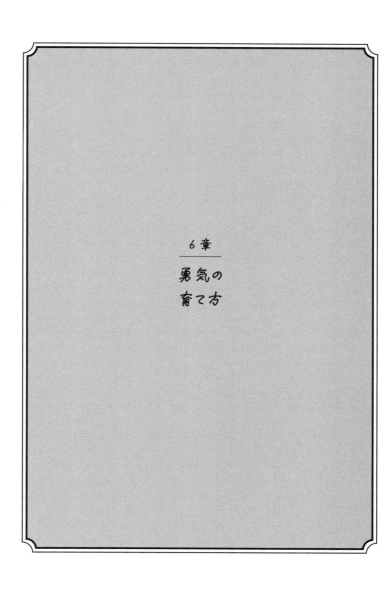

小さいころ、わたしはとても臆病で、いつもびくびくしていた。それが変わったのは中学2年生の最後の日、偏見の塊のような女の子たちにひどい嫌がらせをされてからだ。

その日は太陽が明るく輝き、風も心地よかった（ひどいことが起こる前って、なぜかいつも素敵な天気な気がする）。記念のアルバムが配られ、あたりには卒業するんだという興奮した雰囲気が満ちていた（アメリカでは6、2、4制のところがある）。わたしは壁にもたれて、友だちのプーとおしゃべりしていた。そこへあの子たち、根っから意地悪な女の子たちがやってきてわたしをとり囲み、バカにしたり、「イスラム女」（ほんとはヒンズー教徒だけど）とからかったりしはじめた。あげくに、ヒステリックに笑いながら挑発してきた。正真正銘殴り合いの喧嘩をしよう、と。

最初は呆れ顔をしただけだった。当時、地元にいたインド系の人間はわたしたち家族だけだったから、嫌がらせには慣れていた。夜のうちに、庭木がトイレットペーパーでぐるぐる巻きにされたり、卵を投げつけられたりしたこともある。その残骸は翌朝、両親と掃除した。家の壁に「インド野郎は国へ帰れ」とスプレーで書かれたこともある。庭の芝生に散らばった卵の殻を父と拾いながら、パパがわたしたちに見せたいと思い描いていたのはこんなものだったの？　と思ったのを覚えている。

両親は、ウガンダの残虐な独裁者から逃げてこの国へやってきた。90日以内に国を出なければ、その場で射殺されていた。両親は、そんなひどい暴力を目の当たりにしてきたにもかかわらず、いつも愛情たっぷりに優しく接してくれた。

父も母もアメリカで自由を満喫し、この国に溶けこんでいった。父はムクンドという名前をマイクに変え、母は、地元のKマートに買い物に行って、サリーや額につけたビンディを侮辱されても静かに聞き流した。ふたりとも、大小の屈辱に黙って耐えていた。そして姉とわたしにも、そうするよう絶えず言い聞かせてきた。

わたしはずっと、親の言うことを聞いてきた。でも、もう我慢の限界だった。親に言われるまま、黙って耐えることに心底うんざりしていた。だからあの子たちに、学校が終わってから勝負よと言われたとき、相手の目をまっすぐに見て、応じた。

終業のベルが鳴ると、プーはわたしの腕をつかんで必死にバスのほうへ引っぱっていった。「帰ろう、レシュ、勝負なんかしなくていいってば」。本音を言えば、わたしもバスに乗って帰りたかった。だけど、それはできなかった。ボコボコにされるのがわかっていても。わたしは神話に出てくる巨人戦士ゴリアテを倒すダビデじゃないし、『ベスト・キッド』のワンシーンみたいにもいかないだろう。勝てる見こみなんて、万にひとつもなかった。ちっぽけなインド人の女子で、ヒンズー教徒の両親から教わってきたのは非暴力なんだから。

それでも、あの子たちから逃げたり隠れたりするのだけは絶対に嫌だった。だから、引っぱられてきた道を戻って学校の裏手へ行った。あの子たちは、ウイルソンのテニスラケットやバットやシェービングクリームがいっぱい入ったビニール袋なんかで武装して待っていた。

わたしがリュックを下ろす間もなく、卑怯な子たちはいっせいに襲いかかってきた。わたしに聞こえたのは、悲鳴と笑い声だけ――2年生のほぼ全員が、あの子たちの後ろから遠巻きに見物を決めこんでいた。

ゲンコツが目に飛びこんできた、と思った瞬間、気を失った。そして気がついたときにはもう、まわりには誰もいなかった。残っていたのは、シェービングクリームの缶と空っぽのビニール袋だけだった。

翌朝は、痛みと恐ろしさの中で目が覚めた。その日は卒業式で、すごく素敵な黒と青のレースのドレスを着ていくつもりでいたのに、そのドレスに合わせたみたいに、目のまわりには大きな黒いあざができていた。でも、体はそんなに痛くなかった。それより恥ずかしくてたまらなかった。わたしにとってそのあざは、同級生に受け入れてもらえなかった、みんなの中に溶けこめなかった、という意味だったから。こんな顔で卒業式になんか出られない。けど、出なかったら、この先ずっと小さくなって生きていかなきゃならないこともわかっていた。つまり、卒業式はわたしにとって、とても大きなターニングポイントだった。そのとき、決めた。みんなに馴染めなかったことを認めることになってもいいから、わたしらしく、胸を張って出席しようと。

ピンクの口紅を塗った。髪をアップにし、黒いあざを見せつけた。わたしの卒業式は、人生初の失敗祝賀会となった。でも出席してよかったと心から思っている。あの日は、それまでになく大胆になれたし、強くなれたし、誇らしくもあった。たっぷりの後悔を抱えて歩くより、黒いあざを見せながら歩くほうがはるかに気持ちよかった。

それなのに……。やがてあざが消え、長い時間が経つうちに、卒業式の日に抱いた気持ちも消えてしまった。時間が経つにつれ、その記憶は、わたしが必死になって成し遂げたいろいろなものの重みで埋もれていった。わたしの中で何かがはじけ、「もうたくさん!」という声がしたのは、それから何年も過ぎた8月のあの重要な日だった。そしてある日、いつの間にか自分が、かまえることなく不安と向き合えていることに気がついたのだ。この先ずっと勇気をもって生きていこう、とそのとき心に決めた。

わたしはこんなふうにして、勇気をもてば自分ですべてを決められることを学んでいった。わたしの運命を決めたどちらの日にも、自分には勇気なんてないと決めてかかっていたら（意地悪な子たちに立ち向かわず、両親を喜ばせるために選んだ道をそのまま進んでいたら）、その後の人生はどんどんしぼんでいただろう。でもわたしは、勇気を出せると信じた。自分が望む、自信に満ちた人間になれると信じた。たくさんの失敗をしたけれど、そのたびに立ち直り、つまずきながらもささやかな勝利を重ねることで、ついに勇気を手にした。自信に満ちた人間になれた。

もちろん、望んだだけでそうなれるわけじゃない。魔法の薬もなければ、絶対確実な方法もない。ひとつ勇気ある行動ができたらそれで終わり、でもない。挫折や困難はいつもついてまわる。同じ挫折もないし、困難もいろいろ。それでも、やり方次第で必ず変われる。そのための方法を紹介しよう。

（１）エネルギーは満タンに）

わたしが知っている女性の多くは、疲れきっている。やらなければならないことが山ほどあるから。仕事もすれば、母親、友人、娘、相談役もこなし、家族の健康に絶えず気を配り、ペットの世話をし、旅行の計画を立て、スケジュールの管理をする。そのうえ、自分のことより他の人のことを優先しようとし、それら全部をこなそうとするのでストレスがたまる。これでは燃えつきて当たり前だ。

とはいえ、いい傾向もある。燃えつきるまで頑張る人がほめたたえられる時代は終わった。かつては、いくつもの用事を同時にさばいたり、休暇中だろうが風邪を引いていようが週に7日、1日24時間仕事をしたり、カフェインとエネルギー補給食だけで乗り切るのがすごいことだと思われていた。でも、もうそんな時代ではない。今では、身も心もすり減らすワーカホリックよりも、健康のほうが重視される。

メディア界で最も影響力のある女性のひとり、ハフィントン・ポスト創設者のアリアナ・ハフィントンも、大ベストセラーとなった著作『スリープ・レボリューション』（日経BP）で、睡眠の力について書いている。フォーブス誌が世界で52番目にパワフルな女性と認めているアリアナの使命は、成功するための究極の秘訣のひとつを証明すること。その秘訣とは、「じゅうぶんな睡眠をとる」。わたしはじゅうぶんとっている。あなたは？

疲労は生産性を失う。わたしたち自身だけでなく、経済にも何十億ドルもの損失をもたらしている（正確には年間4110億ドル（約59兆6000億円））。疲労だけじゃない。ストレスも、肥満や心臓病などのさまざまな病気を引き起こしている。言うまでもなく、疲れはてていれば、外見も気持ちもボロボロになっていく。わたしが「女性と勇気について本を書いている」と話すと、アリアナは「燃えつきてしまったら、勇気なんか出せない」と指摘した。彼女の言うとおり。ガス欠のような状態では、どうやったところで挑戦する気など起きない。エネルギーが切れていれば頭もまわらず、「ノー」と言える勇気も、新しいことに挑戦する勇気も湧いてこない。少なくともわたしは、ヘトヘトに疲れているときに面倒なことなんか引き受けたくない。そんなときにやりたいのは、ゆったりした部屋着に着替えて、さっと髪をまとめ、コンタクトを外してダサいメガネをかけ、ソファに寝そべって、何も考えずにネットフリックスの世界に逃げこむことだ。ぐったりするほどの疲労は、あっという間に勇気を奪っていく。

勇気を出していつもの快適な空間から出るには、精神力だけでなく、肉体的なエネルギーやスタミナや持久力が欠かせない。そう、勇気を育てるのに何よりまず大事なのは、心と体の健康だ。

というわけで、エネルギーを蓄える生活の基本をあげておこう。

●**自分の健康を優先する**　リアンナは、病院に行く時間がないからと、つらい鼻炎を4日もそのままにしていた。愛犬が急に吐いたときには、すべてを放り出して病院へ連れていったのに。自分のケアを脇に押しやっている人が多いのは理解に苦しむ。その結果、多くの人が自己免疫疾患や腰痛、うつ病、さらにはもっとひどい状況になって苦しんでいる。もしかして、あなたも？「やめる」と言うのは勇気がいる。でも、相手をがっかりさせたくないばかりに、大風邪を引いているのに会社に行ったり友だちに会ったりするのはもうやめよう。他の人の予定に合わせるために、自分のトレーニングの計画や病院の予約を犠牲にするのはもうやめよう。子どもの肩にできた気になるあざも、親友が忙しさを理由にマンモグラフィの予定を先延ばしにしようとしているのも、放ってはおかないはず。だったら、自分の健康も放っておくのはやめよう。自分の健康を優先するのは勇気をもつための第一歩、と覚えておいて。

●**「自分の時間」をつくる**　家族・労働研究所が行なった2012年の全国調査によると、大方の予想どおり、自分のための時間を日常的に確保している女性は、そうでない女性に比べて人生に対する満足感が高かった。リラックスしてエネルギーを補充することがいいことだとわかっていても、実際にそれができる人は多くない。自分を大切にすることに「イエス」と言うためには、いろいろな形で他の人に「ノー」と言わなければならない。自分の気持ちを優先させるなんて利己的だと思ってしまう人にとって「イエス」と言うのはどうしようもなく難しい。でも、そう言うのもひとつの勇気。がんばって！

● **「あともう少し」睡眠をとる**　もしかして、あなたは頑張りすぎてない？　朝早く起きてトレーニングをし、（シリアルでもなんの問題もないのに）パンケーキをつくって子どもに食べさせ、睡眠時間を削ってメールに返信し、汚れたお皿を1枚残らずきれいに洗う……。完璧主義はわたしたちに、朝から晩まで忙しく動きまわることを求めるけれど、数時間の睡眠で「なんとかやれる」なんて自分をごまかしちゃダメ。研究からも明らかなように、最高のパフォーマンスをするには、毎晩7〜9時間の睡眠が必要だ。しっかり休んだからといって、すぐ勇気が出るわけじゃないけれど、しっかり休まなければ間違いなく足を引っぱられる。

● **瞑想をする**　科学的な研究が証明しているように、瞑想をすると扁桃体が小さくなる。つまり、人が緊張や恐怖を感じたときに警告を発する部位が小さくなる。毎日10分でも20分でもいい、瞑想をして脳の回路を変え、緊張や恐怖ではなく、落ち着いた気持ちで日々の状況に対応していこう。

●**運動をする**　残念だけど、統計は嘘をつかない。運動をすれば、太り過ぎからストレス、不安に病気まで、あらゆることを避けられる。それに、鏡をのぞいたときに、たくましさと女性らしさを兼ね備えた女性に見つめ返してもらえるほど素敵なことはない（念のために言っておくけど、この運動はあくまでも健康が目的。やる気アップと達成感を得るためのもので、完璧な体をつくるためのものじゃない。その違いを忘れないで）。フィットネスの指導者が口を揃えて言うように、運動を習慣化する秘訣は、ジムやスポーツの予定を前もって決めておくこと。大事な用事をあらかじめスケジュールに組みこんでおくのと同じように。

（②魔法の言葉「まだ」を使う）

わたしには勇気がない。
わたしはリスクを負えない。
わたしは「ノー」と言うのが苦手。

こうした断定的な言葉は、1章で紹介した硬直マインドに陥っていることを意味している。成長や進歩の余地がどこにもない、行き止まりだ。でも、それぞれの言葉に、ほんのひと言つけ加えたら……。

わたしにはまだ勇気がない。

わたしはまだリスクを負えない。

わたしはまだ「ノー」と言うのが苦手。

これだけで、どうにも身動きがとれなかった状態からたちまち自由になれる。あなたは今いる場所から、どこか目指すべき場所へ向かって成長している途中。心理学者にして動機づけの権威キャロル・ドゥエックはこれを、「今にとらわれる」のではなく「まだの力」を受け入れることだと述べている。

ほんのちょっとした気持ちの変化でも、大きな影響をもたらすことはよくある。間違いを言い直すときにはとくに。あなたは「成功しなかった」のではない。まだ成功していないだけ。こんなふうに考えれば、間違いは一時的なつまずきにすぎない。間違えても途中でやめる必要はない。「ダメだ、失敗した」と落ちこむかわりに、「あれは試したから、今度は別のことをやってみよう」と気持ちを切り替えることもできるようになる。

大ベストセラー『ダイバージェント　異端者』（角川文庫）の著者ベロニカ・ロスは、あるときまで、自分の人生は何もかも完璧でありたいと望んでいたそうだ。だから、原稿を書いても気に入らないところがあると全部を「ごみ」と称していたという。でも考えを改め、今はこんなふうに言えるようになった。「この原稿には可能性があるから、手直しすればいい」「この原稿は、まだよくなってないだけ」

完成された人間なんてひとりもいない。みんな発展途上にある。今度、自分の限界を勝手に決めてかかって話している自分に気づいたら、ぜひ、その言葉に「まだ」をつけてみてほしい。すぐに気持ちが違ってくるのがわかるだろう。

③「感情か分別か」を見極める

思慮深いのは賢明だ。分別のある人は、リスクを伴う行動をする前に全体をしっかりと見て、メリットやデメリットを検討する。とはいえ、考えすぎたり、準備しすぎたり、分析しすぎたりすると、慎重を通り越して悲惨な状況に陥ってしまう。

その境目となるのが〝感情〟だ。分別をもって慎重に考えているのか、それともただ感情に任せて必死に自分に言い聞かせているのか。その違いを見極めるすべを学ぶのはとても大事だ。困難やチャンスを前にしたときに、挑戦しないでやめておこうと思ったら、自分に問いかけてほしい。「本当に挑戦する意味がない？　それとも一歩踏みだすのが怖いだけ？」。あるいは、わたしのすばらしいエグゼクティブコーチ、リャ・ゴッデスのように言ってみてもいい。「今しゃべっているのは感情？　それとも分別？」

心おだやかに決断できるなら、分別がはたらいている。分別の声は落ち着いていて、威厳がある。反対に感情の声はもっと哀れっぽくて、ビクビクしていて、弁解がましい（いたずらをしたチワワを想像すればわかりやすいかも）。気がつけば言い訳を並べたてていたり、自分のした選択についてくどくどと説明を重ねていたり、なんとなく気が晴れなかったり、不満を覚えたりしているなら、感情に支配されている証拠だ。

わたしはこの本の執筆を始めるまで、もう一度選挙に出ないのは「ガールズ・フー・コード」でやっていることのほうがはるかに意味があって効果的だからだ、と信じていた。でも最近、感情か分別かを見極めるよう問いかける以上、自分もやってみなければと思い、こう尋ねてみた。「本当は、また失敗するのが怖いんじゃないの？」（答えはまだ出ていない）。

これは、自分自身ときちんと向き合うための最高の方法だ。

（④自分の崖っぷちを見つける）

今のあなたにとって、思い切ってするのがいちばん怖いことは何？　もしそれができたら人生が大きく変わる、と思うことは何？

リャ・ゴッデスはそれを「崖っぷち」と呼ぶ。そして、するしないにかかわらず、誰もが崖っぷちに呼ばれると言っている。ゴッデスの言うとおり、誰にでもひとつは、静かに呼ばれてはいるものの近づくのが怖い挑戦や、変化や、行動や、夢がある。

わたしはこれまで大勢の女性に「ものごとを根本から変えるかもしれなくて、やるのが怖いと思っているものはある？」と聞いてきた。するとたいてい、すぐに答えが返ってきた。

ジリアンが怖いのは、内緒にしている莫大な借金を夫に打ち明けることだった。ドーンの場合は、もっと給料のいい仕事を見つけること。リゼットにとって怖いのは、幸せを邪魔し、動きを鈍くしている余分な体重を35キロほどなくすことだった。「我慢ならない人間関係を終わりにする」「成人した子どもたちに家を出ていくよう言う」「法的な問題をどうにかする」「転職して別の人生を歩む」などと話す女性もいた。今は（まだ！）やっていないけれど、大半の人が、心の底では自分の怖いものがちゃんとわかっている。それを意識的に特定すれば、そこが最初の一歩となって、どこで行きづまっているのかも、どうやってそれに取り組んでいけばいいのかもわかってくる。

もう一度尋ねよう。あなたが足を踏み入れるよう呼ばれている崖っぷちはどこ？　わからなければ、まずは自分の快適な空間がどこなのかから見ればいい。ゴッデスが言っているように、あなたにとって居心地のいいその場所が、いささか怪しい場所だ。崖っぷちにはまだ行かなくていいし、まったく行かなくてもいいかもしれない。でも少なくとも、それは何かを探す練習はしてみよう。そうすれば、あなたの意識を正しい方向に向けていけるはずだ。

(⑤「もっと怖いことは何?」と自分に聞く)

2016年にワシントンで行なわれたウィメンズマーチで、わたしがいちばん興味を引かれたのは、参加者がそれぞれに書いたスローガンだった。知的なものもあれば、喧嘩腰だったり、強烈だったり、面白かったりするものもあった。なかでも印象に残ったのは、マラという名前の、地方から来たもの静かな女性のつくったプラカードだった。人混みが苦手で内気だというのに、その日ワシントンDCの通りを埋めつくした群衆の中のひとりとなるべく勇気を出してやってきた彼女のスローガンは「群衆が怖い。でもトランプはもっと怖い」だった。

最高! と思った。この方法なら、行動することへの不安を、何もしないことへの不安へと、意識を変えていける。

組織心理学者にしてベストセラー作家の友人、アダム・グラントいわく、「ずば抜けて機知と創造力に富んだ人は、しばしば万事を先延ばしにするし、リスクをおかすことを恐れもする」そうだ。では、そういう人たちは、何がきっかけでそれを世に出すのだろう。グラントの答えは、「失敗を恐れる以上に、挑戦しないで終わるのを恐れたときがきっかけ」だった。彼らは、大事なことに挑戦できないくらいなら、失敗するほうがはるかにいいと考えたとき、前に進む。あなたも、恥をかくのを気にするかわりに、このチャンスを逃したらいつか後悔するんじゃない？　と自分に問いかけてみてほしい。

「その考え方の過程では、精神的なタイムトラベルをしている場合が多い」。これもグラントの言葉だ。「精神年齢を10歳上げられるのは、人間ならではのとても有効なスキルだ。ノーと言われたり失敗したりすれば、嫌な気分になるかもしれないが、今から10年後、今抱いていた志を追い求める気が失せてしまった自分の後ろ姿を誰かに見られることのほうがもっと嫌だろう。精神的なタイムトラベルをすれば、リスクをおかした場合の結果を想像することからいったん離れて、別の視点から考えられる。『失敗して痛みを味わうのと、あのときやっていればと後悔するのと、どっちが重要？』と」

わたしの場合、考え方が変わったのは33歳のときだった。それまではいつも、この先まだいくらでも立候補する時間はあると考えていた。でも、ある朝目覚めて悟ったのだ――わたしはもうそんなに若くない。立候補するのも怖かったけれど、機会を逃すことのほうがもっと怖かった。後悔は、一歩を踏みだす強い動機になりうる。

もうひとつの動機をあげるとすれば、〝嫉妬〟だろう。わたしにはすばらしい作家の友人がいる。彼女は以前、ジャーナリズムの教授を務めていたが、その仕事が嫌いだった。なりたかったのは作家だったから。自分にも書けると思うような本を誰かが書くたびに、彼女は胸を痛めていた。毎週日曜に、「ニューヨーク・タイムズ・ブックレビュー」で紹介されている本を見ながら感じていた苦痛は、決して楽しいものではなかった。でも、結局のところ彼女は、そんな思いがあったからこそ自分で本を書きはじめたのだ。

作家のベロニカ・ロスは、子どものころから抱えてきた不安感とどうしようもない自信のなさに苦しんできた。だけどある日、ついに、自分をさらけだすのと声を押し殺して生きるのと、どちらがより恐ろしいかを自分に問うた。「書くことの怖さは、批判にさらされ、見ず知らずの人から傷つけられること。でもわたしにとっては、批判を避けるより、作家として成長していくことのほうがもっと大事だったの」

ローレンという女性は、娘たちが成長したとき、怖いという理由だけで挑戦を避けるようになるのを心配していた。だから、家族旅行で急流下りをすることになったとき、ものすごくゾッとしたにもかかわらず、自分もやってみることにした。救命胴衣をつけていかだに乗るより、自分の尻ごみする姿を見た娘たちが同じようになるほうがもっと怖かったからだ。

もし今度、怖いという壁にぶち当たったら、一歩引いて自分にこう問いかけてみよう。

「これをやらなかったら、どんな代償を払うことになると思う？　やるのとやらないのと、どっちが怖い？」

（⑥人にアドバイスするつもりで考える）

ここでもうひとつ、アダム・グラントから教わった、「怖い」と感じる挑戦や機会を前にどうすべきか悩んだときの、簡単で役に立つ方法を紹介しよう。

その方法とは、「他の人が同じ状況にあるとき、自分ならどんなアドバイスをするか考える」だ。「人は概して、自分よりも他の人のために考えるときのほうが、いい答えを導き出せる」とグラントは説明する。「自分にかんしては、何かをやらない理由がひとつかふたつあるだけですぐにそれを諦める。でも誰かにアドバイスをする場合は、まず一歩下がって、もっと大局的な視点で、それをやるべきか否かを考えるだろう」

仮に、あなたがいつもとは違う仕事のプレゼンをするよう言われたとしよう。普段のプレゼンよりはるかに聞き手が多いかもしれない。知らないクライアントの前でしゃべると思っただけで冷や汗が出てくる。だから、あなたは理屈をつけて、そんなプレゼンはやる価値がないと結論づけ、それを断った。

では今度は、仲のいい友人が同じようにプレゼンを頼まれ、どうすべきかあなたに相談してきたとしよう。たぶん、あなたは「やだあ……ムリ、ムリ……聞かなかったことにしなって」なんて言わないだろう。新しいことに挑戦したり、職場でアピールできるすごくいい機会だよ、と応援するのでは？　ひょっとしたら、友人がもっと自信をもてる方法も考えてあげるかもしれない。

勇気をもつよう大切な人を励ますなら簡単だ。次からは、それと同じことを自分にもしてみよう。きっと、驚くようなことが起こるだろう。

（⑦毎日、小さな挑戦をする）

ワシントンDCのガールスカウトメンバー、4年生のアリス・ポール・タッパーは、ある日、自分のクラスでは授業中、男子のほうが女子よりずっとたくさん手をあげることに気がついた。女子はどうして手をあげないんだろう？　不思議に思ったアリスは、自分なりに考えた。女子は、答えが間違っていたらって心配なのかも。それか恥ずかしいのかも。それとも、手をあげても先生に気づいてもらえなかったらやだなって思ってる？

そこで、アリスは友だちに協力してもらい、「手をあげよう」と書かれた、女子を励ますワッペンをつくった。手をあげると約束したり、他の女子に声をかけたりしたらもらえるワッペンだ。今では、全米中のガールスカウトの間でこのワッペンが流行っている。

アリスや他のたくさんの10歳の女子が毎日挑戦できるなら、わたしたちだって挑戦できるはず。あなたの努力にワッペンをあげることはできないけれど、毎日何かに挑戦していけば、勇気の筋肉がどんどん強くなっていくことは保証する。

メレディス・グロスマンが説明しているように、わたしたちの考えや信念を変える最良の方法のひとつは、行動を変えることだ。なんであれ実際にやってみなければ、真実だと信じるのは難しい。反対に、自分でやってみて、目の当たりにすれば、納得がいく。

たとえば、会議で的はずれな発言をしたら同僚から信頼を失う、とあなたが思いこんでいるとしよう。だから、あなたはめったに発言しない。ところが、いざ会議で発言をしてみたら、ちょっとピントがずれてたって、ひどいことなど何も起こらなかった。自分で体験したからこそ、それまでの思いこみが間違いだとわかったのだ。

「勇気を出す」ための道は人それぞれ。だけど、その道を毎日歩みつづけていれば、少しずつ、勇気が恐れにまさっていくのはみんな同じだ。この先の章であげている方法も含めて、ぜひ、毎日ひとつでいいから実際にやってみてほしい。

勇気は筋肉。鍛えれば鍛えるほど強くなっていく。毎日使えば、思いがけない難題にぶつかっても、自分の力で切り抜けられる。

7章

ためしにやれる、あんなこと、こんなこと

恐れをなくすには、「あえて恐れの炎の中に突き進んでいく」というのも案外いい方法だ。わたしが初めてこれを実感したのは、前述したとおり中学2年最後の日。褐色の肌をしているからというだけでわたしを叩きのめそうとした、底意地の悪い女の子たちに立ち向かったときだ。その次は、まだきみの番じゃないから列の後ろに引っこんでろ、という政界エリートの言葉を無視したとき。そのあと、三度の流産を経験してなお妊活に挑んだときも、コーディングのことなんて何も知らないまま「ガールズ・フー・コード」を立ち上げたときも、炎の中へと進んでいった。

今も毎日のように、ちょっとした炎の中に入っている。そうやって少しずつ勇気を出す練習をしてきたおかげで、ずいぶん進歩して、大きな不安にも立ち向かえるようになってきた。

わたしは不安に打ち勝つことで、自分のやりたいこと、自分が正しいと思うことをやっている。すべてが完璧に整っていなくても、うまくいく保証がなくてもかまわない。「やらないより、やってみるほうがいい」のだから。

この章では、自分が不完全であること、そして失敗したことを受け入れられるようになる方法を紹介する。

勇気とは、不安がないことじゃない。不安に負けずに行動することだ。

①フィードバックを求める

完璧を求める女性にとって、批判的なフィードバックはすごく嫌なものだ。ほめ言葉ではないと心が萎え、「自分はダメだ」と一気に落ちこむ。うんざりして、やる気をなくして、殺伐《さつばつ》とした気持ちにもなったりする。

こんな自分をどうすればいい？　わたしの答えは「批判を避けるのではなく、むしろ自分から求めていこう」だ。言い違いじゃない。あなたには、冷たくて、厳しくて、忖度のいっさいないフィードバックを積極的に求めてほしい。それも、「うまくこなした」と思ったときじゃなく、改善の余地が山ほどあるとわかっているときに。

たしかに少々過激な方法かもしれない。でもこのやり方には、敏感すぎる自分の感受性を少し鈍らせる効果がある。しばらくは、お腹に蹴りをお見舞いされたような気分になるかもしれないけれど、じきに、批判的なフィードバックも思っていたほど傷つかないな、とわかってくる。そして、やがてはクセになってくる。わたしも今では批判的なフィードバックをもらうと、とても嬉しい。そのおかげで、次はどうすればいいかがわかるから。

つい最近、ある集会で話をした。わたしの直前にスピーチをしたのは、なんと、わたしが選挙で負けた相手。彼女はスピーチがすばらしくうまく、聴衆を盛り上げるすべを心得ている。彼女のほうがいいスピーチなのは、最初から明らかだった。わたしはといえば、旅行から戻ったばかりで疲れはてていたうえに、なんとかして関心を引こうとする息子にずっと上着を引っぱられていた。とはいえ、スピーチならもう何度もして慣れていた。大丈夫、うまくやれる、わたしはそう思って、話す内容もろくに考えないままマイクの前に立った。

ところが……。スピーチを終えて車に乗りこみ、夫に「今日の演説はどうだった?」と聞くと、彼は言った。「イマイチだったな」

えっ、どういうこと?

「10点満点で2点か、せいぜい3点だな」

わたしたちはいつも遠慮なく言い合うものの、その厳しい指摘にはいい気がしなかった。

選挙で負けた女性と顔を合わせてつらかったからなおさら。でも、夫が正直に言ってくれたことは嬉しかった。見えすいたお世辞を並べられたところで、なんのプラスにもならない。

それから数週間、じっくり、真剣に考えた。わたしはどうして惰性で話してしまったのだろう？　次にもっといいスピーチをするにはどうしたらいいだろう？　と。そのおかげで、どんなにスピーチが上達しても、まだまだ自分を高めていける（し、高めていくべき）なんだと気がついた。

この方法のポイントは、フィードバックにただ耐えるのではなく、いつでも、どこでも、誰からでも、積極的に求めていくところにある。意見を聞きたくないときこそ、とくに。以前、4000人の前でスピーチをして、スタンディングオベーションを受けたことがある。最高の気分だったし、それを台なしになどしたくなかった。だけど、あえてスタッフに批評を求めた。最高のスピーチでさえ、必ずもっといいスピーチにできるからだ。

ベストセラー『やり抜く力　GRIT：人生のあらゆる成功を決める「究極の能力」を身につける』（ダイヤモンド社）の著者アンジェラ・ダックワースも、フィードバックを受け入れる勇気は、やり抜く力を身につけるための重要な要素だと言っている。やり抜く力を身につけている人は、つねに向上心をもっている。だから問う。「どうだった？」と。ダックワースはこの本の中で、すばらしいアスリートたちの例をあげている。マイケル・ジョーダンだって、一夜にしてあんなにすばらしい選手になったわけじゃない。彼はまず、自分が苦手なところに集中した。そしてひたすら練習した。ただそのことだけを考えて。でも、ポイントは他にもあった。彼も積極的にフィードバックを求めたのだ。ジョーダンには、自分が完璧じゃないという現実に向き合う勇気があった。どこがどうよくないのかを聞く勇気があった。そうやって、問題点を直しては向上していった。能力の限界を知り、さらに挑戦し、どんどん大きく成長していったのだ。

いつもの楽な空間から思い切って外に出て、改善しようと努力している人は、それに没頭し、エンジンがフル回転する。すると、「フロー」と言われる独特の満足感や充足感を得るようにもなる。フィードバックに耳を傾ける勇気を身につければ、あなたもどんどん成長する。それが嬉しくてさらに練習を重ねるうちに、ますますたやすくできるようになり、フローも体験するようになるだろう。そのころには批判に感謝するようにもなっているはずだ。

自ら批判を求めていくことで、自分の不完全さを自覚して、受け止められるようになる。受け止められたら、次は受け入れられる。すると、信じられないかもしれないけれど、次はそれを喜べるようになってくるのだ。

（② 拒絶に身を置く）

男性は、失敗してもそれほどめげない。小さいころから失敗をはねのけ（ジャングルジムから落ちても、実験で爆発を引き起こしても、デートの誘いを断られても）、前進あるのみと教えられてきたおかげだ。間違ったり拒絶されたりしても大して気にしない。わたしたちからすれば、うらやましいかぎりだ。女性は、拒絶や失敗の痛みから守られてきた。けれどそのせいで、大人になった今、立ち直る力が弱くなっている。

では、これから立ち直る強さを手にするには、どうすればいいのだろう？

息子がまだ赤ちゃんだったころ、わたしは小児科医から「除菌剤は使い過ぎず、できるだけ病原菌にさらして免疫力を高めるように」と言われた。わたしたちもそれと同じで、拒絶に身をさらせば免疫力がつく。言い換えるなら、拒絶から隠れずに、拒絶を自分の内にとりこむのだ！

わが家の冷蔵庫には、いまだにイェール・ロー・スクールからの不合格通知が貼ってある。その横には、地元自治会からの参加拒否を告げる手紙がある。捨ててしまうと、むしろずっと気になって引きずられてしまう。でも、こうして目の前にあれば、わたしが主導権を握れる。毎日見れば、勇敢に前に進むよう思い出させてくれる。

かつてのわたしは、批判や拒絶にとても敏感だったけれど、それらに身をさらせばさらすほど、怖さがなくなっていった。嘘ではない。わたしの心の奥底にはいつも「充実した人生を送ることが最高の復讐だ」という思いがある。わたしを拒絶した人たちにはいつの日か、わたしが成し遂げたことを見せつけてやりたい。そう思うと、モチベーションも上がった。

あなたもどうか、拒絶されたらそれを誇らしげに示してほしい。それは勇気の証。自分が拒絶されたこと、間違えたこと、失敗したことは友人や同僚に隠さずに話してしまおう。ついでに、失敗を乗り越えて有名になった人、何かを成し遂げた人の話をたくさん読もう。たとえばステファニー・メイヤーは、『トワイライト』シリーズの出版にこぎつけるまで20社に拒絶された。スティーブ・ジョブズは、ずいぶん前に一度アップルをクビになった。それでも彼らは、挫折に打ちのめされたままで終わらなかった。あなたも同じだ。その経験はむしろ、あなたを解放してくれるだろう。

(③ 不安信号を受け止める)

あなたは「何かに直面したとき、脳から発される不安信号の99%は誤報」だというのを知ってる？　神経系は、わたしたちの身に危険がおよばないよう守ってくれているから、何か異変を感じるといつでも、それを攻撃の予兆ととらえて「逃げろ！」と信号を送る。問題は、察知した危険と本物の危険の区別が神経系にはつかないことだ。

心臓がドキドキしたり、手に汗をかいたりするのは、危険にさらされているときの体からの信号だけど、上司に呼び出されただけで、命まで奪われることはないはず。友だちの母親が退院したときにお見舞いの電話を入れ忘れたからといって、それで一生仲違いされることもまずない。会議に遅刻しただけで仕事を失うことも、おそらくない。子どもの担任を辛辣《しんらつ》に批判したメールを、夫に送るつもりが間違って担任本人に送ってしまっても、子どもの将来が台なしになることはない（これはわたしの実体験。でも息子は学校を追い出されたりしなかった）。

些細な失敗や間違いを恐れながら生きていると、ちょっとしたことでも逃げろという警報が鳴り響くようになる。もしあなたもそうなら、その警報は無視すべきものだとわかってほしい。それは、本当の危険を知らせる信号ではない。あなたを追ってくるのはトラじゃなくて、あなたが抱えている不安だと気づこう。

「不安があなたにさせようとしていることと反対のことをしなさい」。これはメレディス・グロスマンが患者にしているアドバイスで、わたしのお気に入りだ。あなたの不安はすぐに、走れ、隠れろ、逃げだせと叫ぶ。でもあなたは、走るな、隠れるな、逃げだすな！　あなたの不安信号が「義母が来る前に、何時間もかけて家中の大掃除しろ」と言ったら、さっと掃除機をかける程度で終わりにしよう。「なんとしても人前で失敗なんかするな」と言ったら、適当な文章を書いてフェイスブックに投稿しよう。やってみると、誰も気にしていないのがわかって、のびのびした気持ちになるだろう。仮に誰かが気にしたとしても、それってそんなに大事なこと?

10分遅刻しても謝りすぎないで。いつもよりずっとラフな格好で出かけてみて。足のムダ毛の手入れをしないままスカートをはいて。「不安を感じてる」と友人に率直に話してみて。

不完全でいることは、そんなに難しくない。「不安が発する言葉は信頼できない」ということを証明するために、ちょっとしたこと、リスクの低いことから試してみよう。それが積み重なっていくうちに、もっと大きくてもっと不完全なものでも受け入れられるようになる。勇気の扉が大きく開いていく。

(④準備ができる前に始める)

すごいことを思いついたとき、だいたいの人は、こんな考えをたどる。

わあ……これってすごいかも。

やるべきだ。
うん、絶対やろう！
でも、どうやって……？
どうすればいいのかわからない……
できない……
結局、大した思いつきじゃなかったんだ。

こうなるのは、すごいことを思いつくのとほぼ同時に、頭の中のやっかいな声が、それをすべきじゃない理由を次から次へとまくしたてはじめるからだ。何かしらうまくいかないことがある、失敗する、図々しいと思われる、面目を失ってコケにされる……。そんな声の言うことを聞き終わるころにはもう、やる気はすっかり失せているというわけ。

でも、それを黙らせる方法がひとつだけある。〝始めてしまう〟のだ。

始める前に何もかも知っていなくたって全然大丈夫。会社の経営でも、母親になるのでも、最初から全部知っている人なんかまずいない。気休めを言っているんじゃない。みんな、やりながら覚えていくのだ。おむつの替え方がわからない？　ちゃんとできるようになるから大丈夫。30人もの従業員の舵とりなど見当もつかない？　心配ない。やっているうちにできるようになる。なんだってそうだ。

もし、わたしがやっかいな声の言うことを聞いていたら、「ガールズ・フー・コード」は始められなかった。わたしはコーディングのやり方もわからなければ、テクノロジー業界で働いたこともなかった。非営利団体を立ち上げたこともなかった。だけど、遊説で訪問した学校でのテクノロジーの授業風景――女子の顔が見当たらなかったあの光景をどうしても忘れられなかった。だから、信頼する人たちに電話をかけてアドバイスをもらった。そうやって少しずつ、少しずつ学んだ。テクノロジー業界のことや女子への指導の仕方などを教えてもらうために、片っ端から人と会った。つまり、やりながら進んでいった。それが今では、世界規模の団体になっている。これまでに9万人を超える少女たちに、テクノロジー業界で生きていくのに必要なことを教えてきた。肝心の創設者は、右も左もわからないままにこの団体を立ち上げたというのに。

プランド・ペアレントフッド（全米家族計画連盟）の元代表セシル・リチャーズは、当初、自分はその地位にふさわしくないと思っていた。これまで大きなことなど何もしてこなかったのに、という思いがぬぐえず、わからないことを書きだした長いリストを持っていたそうだ。それでも、と彼女は言った、「とにかくやってみようと前に進んだんです。すべてがちゃんと揃うのを待っていたら、間に合わないから」

あなたも、次に何かアイデアやプロジェクトを思いついたら、「やめよう」とか、「いつかやろう」なんて考えず、少しでもいいからとにかく始めてみよう。電話をかけるのでも、URLを取得するのでも、一段落目を書くのでも、教えを乞いたい人と会うのでもいい。

一度に何もかもやる必要はない。じつは最近まで、わたしは自転車で坂道を下るのがすごく怖かった。急な坂はことごとく避けて、そのたびに気が滅入っていた。けれどある日、「これも完璧主義にしばられているせいだ！」と気づいてハッとした。自転車まで完璧に乗らなければいけないと思っていたなんて、まったく。よく考えたら、ゆるやかな坂から始めて、ちゃんと下れるようになったら次に行けばいい、それだけだった。

夜空にすべての星が出揃うのを待っていたら、永遠に待ちつづけることになる。完璧な履歴書なんか決して書けない。経験も子育ても服の着こなしだってそう。完璧な自分が存在しないように、何かを始めるのに完璧なタイミングなんてないのだ。

まずは小さな坂から挑戦して、エネルギーを正しい方向に向けるのが、うまくいくコツ。最悪の場合、落ちて転ぶだろうけど、それがなんだっていうの？　最初の一歩を踏みださなければ、いつまでも悩むだけ。何もやらないより、挑戦して転ぶほうがずっといい。

（⑤失敗しそうなほうを選ぶ）

そう、この作戦は読んだとおり。失敗、もしくは失敗する可能性が高いほうを選ぶのだ。スタートアップの世界では、少なくとも一度は大失敗をしていないとまともにとりあってもらえない。シリコンバレーの裏モットーは「早く、頻繁に失敗しろ」だ。一度や二度でうまくできる人などまずいない。三度目でもダメな人もいくらだっている。画期的なことに挑んでいくなら、失敗は織りこみずみ。そこから学ぶたびに、着実に成功に近づける。

慎重に検討して失敗する可能性があると、わたしたちの多くはそれを選ばない。完璧主義が「成功する保証を探せ。さもなければ、その選択肢は忘れろ」とささやいてくるからだ。選挙に立候補したいのでアドバイスをくださいという女性たちからよく電話をもらうが、そんなとき、わたしはいつも、果敢に挑戦するよう伝えている。勝つ見こみがほとんど、いや本当になくても。選挙に打って出るという挑戦そのものに意味があるから。

上院議員になる前のエリザベス・ウォーレンは、ハーバード・ロー・スクールで教鞭を執る学者だった。専門は連邦倒産法。活動家に転身したのは、それからだ。１９９５年初頭、彼女はある法案阻止のための大々的なキャンペーンに招かれた。その法案は、中流階級の家族が経済的な危機に瀕した際、破産法を申請する権利を侵害する内容だった。10年もの間、彼女は必死に頑張ったが、2005年、法案は議会を通過してしまった。

それでもウォーレン上院議員は、その戦いに参加したことを悔いていないと言っている。今、医療制度改革の先頭に立っている彼女は、かつての敗北がかけがえのない訓練の場だったと信じている。あの経験を通して効果的な戦い方を学んだし、頼もしい協力者を獲得し、新たなアイデアをいくつも生みだした。そのうちのひとつは、消費者金融保護局の設立として結実した。失敗を糧に、彼女は発言力に磨きをかけ、勇気の筋肉を強くした。上院議員となって堂々と大統領に立ち向かっていくときにも、大いに役立っている。

⑥苦手なことをする

挑戦したのに簡単にできなかった日のことは、今でも覚えている。わたしは6年生の体育の授業で、側転の練習をしていた。他の女の子たちはみんな、細い脚を楽々と宙にさっと蹴りあげ、そのままきれいにすんなりと回転している。だけど、わたしの脚はちっとも細くなかったし、うまくいかない。どんなに頑張っても、側転というより馬跳びみたいだった。クラスメイトはゲラゲラ笑った。クラスで人気のある女子の、バカにした言葉が聞こえた。「みじめねえ」。恥ずかしくて顔が真っ赤になった。そしてその場で、もう二度と側転なんかしないと決めた。

42歳になった今でも、何かうまくできないことがあると（他の人がちゃんとできているのに自分だけができていないときはとくに）、あのときの恥ずかしさが不意によみがえってくる。今日も、ジムでバイクを漕いでいたら、となりの女性のほうがずっと動きがいいと気がついた。わたしはダメ。落ちこんでやめたくなった。でも、やめなかった。今のわたしは、チャンスがあるときは必ず、勇気の筋肉を鍛えようと決めているから。相手のほうがすごいと思ったときも（フィットネスクラスでも、テクノロジー業界の才人たちの前で話をするときでも）、引き下がったり隠れたりしない。たとえ本当はそうしたくても。

イーバという女性は、もう何年も、自分で自分のことを〝どうしようもない料理下手〟と決めつけていたという。どんなに頑張っても、焦げたりまずかったりするたびに気が滅入り、そのうち料理するのをやめた。

それが変わったのは、母親となり、5歳の娘から、幼稚園のバザーに出すブラウニーをいっしょにつくってと頼まれたのがきっかけだった。できあがったブラウニーはボロボロで生焼けに近かったけれど、娘とふたりでミキサーについた生地を舐め、笑いながらつくったその日の記憶は、イーバにとって忘れがたいものになった。

手探り状態で新しいことに挑戦するのは、楽しいうえに脳にもいい刺激になる。「自分にもできる」と脳に覚えさせると、できると思えることが増えるらしい。ロンドンのタクシー運転手を対象にした有名な実験でも、彼らがシティ内の2万5000もの通りを覚えたところ、空間記憶を司る脳の部位が発達した。大がかりな挑戦でなくてもいい。何か新しいことをたった2回やるだけでも脳力がアップすることは、研究で明らかになっている。

もし、あなたが料理が苦手なら、あえて夕食をつくってみよう。まったく協調性がないなら、あえてフィットネスやダンスの教室に通ってみよう。不器用なら、絵を描いたり編み物に挑戦してみよう。数学が苦手なら、コーディングを学ぶのもオススメだ。最速で間違いの受け入れ方を教えてくれるのはコーディングだから！

わたしも、もう一度側転に挑戦してみるときなのかもしれない。

〈⑦ 体を動かす〉

その日、わたしは混乱していた。女性をいくつかのグループにわけて、完璧さや勇気について話し合っていたのに、7番目のグループの女性たちの言うことが、それまで聞いてきたこととまったく違っていたからだ。拒絶されたらどう思う？　と聞くと「自分個人に向けられたものと受けとらず、気にしない」と言われた。失敗は？　と聞けば「うまくいくときもあれば、いかないときもあるだけで、どうということもない」と返ってくる。リスクを負うのは怖くない？　「べつに。最悪の結果になってもまた挑戦すればいいだけだから」

彼女たちは全員、フィットネス業界で働いていた。トレーナー、モデル、全国展開しているスポーツクラブのCEOと立場はいろいろながら、全員が立派なアスリートでもあった。彼女たちはみな、ためらうことなくこう言った。「子どものころに運動をしていたおかげで身についた立ち直る力が、大人になった今も役に立っているんです」

つまり、体を鍛えれば勇気も鍛えられる。運動をすると自己肯定感が高まり、「完璧でなくちゃ」という呪縛から逃れられる。試合では、相手に気をつかったり、礼儀正しさを気にしたり、愛想を振りまいたりする余裕なんかない。品よくきれいなままでもいられない。そこでは自分を出しきり、競い、大声をあげるはずだ。真っ黒に汚れるけど、自分の才能を出し渋ったり、申し訳なく思ったりする必要はない。チーム競技なら、団結するために、言いたいことはお互いはっきり伝えるだろう。全部が勇気を鍛えることにつながっている。

昨年の夏、15歳になる姪が遊びにきて、いっしょにサーフィンのレッスンを受けようよ、と誘われた。わたしは冷たい水が嫌いだし（30度以下はわたしにとって全部冷水）、そもそも泳げない。でも、もうずいぶん自分の快適空間から出ていなかったので、「いいよ」と返事をした。

当日の朝起きたときは、新しくて怖いことへの挑戦にワクワクしていた。ビーチについてウエットスーツを着ると、猛々《たけだけ》しさのようなものまで覚えた。でも元来は内気なので、サーファーたちの超クールなエネルギーがまぶしかった。そのあと、ビーチで簡単な講習を受けた。万事順調だった。

ところが、いざ海へ入ったとたん、恐怖で気が動転し、インストラクターのジョンに、サーフィン中の死亡事故にはどんなものがあるのか全部教えてと言ってしまった。あげくの果てに、ビーチに戻してと泣きついた。

ジョンはそれを受け入れなかった。だから仕方なく前へ進み、最終的に沖へ出た。次の挑戦はボードに飛び乗ること。それはつまり、何度も海に落ちるということだ。腹は立つし、イライラするし、海水は鼻に入るし、目にしみるし……それでも、わたしはやめなかった。どんなに波がぶつかってきても、ボードを離さなかった。ジョンはずっと、「すごいよ！」と声をかけつづけてくれたけれど、ちっともすごいなんて思えなかった。本当はもうやめたくて仕方がなかった。

ふと左を見ると、アスリートの姪がごく自然に波に乗っていた。右を見ると、なんと8歳の子どもがボードの上で逆立ちをしている。それを見たら、ボードに必死にしがみつき、船に酔ったみたいにぐったりしながら震えている自分がバカみたいに思えてきた。レシュマ、何やってるの！　もっと大変なことをこなしてきたでしょ！　ここまできたんだから、帰るまでになんとかしてボードの上に立ってみせようよ。

わたしが両脚で跳ね上がって立ち上がったのは、次の波がきたときだった。たった10秒だけど、立てた。最高！　その後さらに5回挑戦した。10秒以上は立てなかったけれど、かまわなかった。

今となっては、一筋縄ではいかなかったことすら気に入っている。ぜひもう一度行って、今度は心に張り巡らした不安のバリアを克服する方法を学んでみたい。

もちろん、あなたはサーフィンでなくたっていい。挑戦しがいがあり、勇気をもって快適な空間から踏みだせるものなら、どんなスポーツでもＯＫ。５キロマラソン、自転車旅、山登り、薪割り、アイススケート、ロッククライミング、ズンバ……。何にしようか迷ったら、いちばん怖いと思うものを選ぼう。きっと、それがあなたのやるべきものだから。子どものころから家で本ばかり読んでいたとしても、反射神経がないとしても、（ばつは悪いかもしれないけれど）遅すぎることはない。

このわたしがサーフボードに立てたのだ。あなたにできないことなんてない。

（⑧ 投げだしていたことをやってみる）

息子が新しいおもちゃを組み立てなければならないとき、わたしは夫に頼む。自分でやると、わからなくなってイライラするから。そう、完璧な女の子の教えが顔を出して、うまくできないとたちまち投げだすのだ。

ディミトラも同じらしい。テクノロジー業界で働いているにもかかわらず、パソコンの機嫌が悪くなると、すぐ彼氏に助けを求めるという。なんでもできる有能なシングルマザーのケイトも、自宅の電気機器が壊れるたびにお手上げ状態になる。「1950年代の主婦になったみたい」と彼女は言った。

この手の仕事が男性の専売特許になったのは、女性のすべきことではないという古臭い考えのせいでもあるけれど、難しくてイライラがつきもののことをやりこなすすべを、女性は教えられてこなかったせいでもある。社会は、どんなに複雑なことでも、男の子には頑張れ、挑戦しつづけろと背中を押すのに、女の子にはそれを避けてこさせた。

コーディングのクラスでも同じことが起こっている。社会が女の子に対して、「そういうのは苦手で当然」と決めてかかっているなかで、頑張って問題を解決しようというモチベーションを保つのは難しい。イケアのドレッサーの組み立てからマニュアル車の運転にいたるまで、そういう育て方がのちのち、あらゆることに影響していく。少なくない女性が、自分にはできないと思いこむだけでなく、やってみたいとも思わなくなっている。

でも、もう目覚めよう。自分でやっていくうちに、なんだってできるようになる。パソコンや携帯電話がフリーズしたら、誰かに直してと頼むかわりに、サポートセンターに電話して、落ち着いて、ひとつずつ問題を解決していこう。チャイルドシートの取扱説明書が難しいせいで装着できなかったら、ユーチューブの説明動画を探して、ゆっくり理解していこう（チャイルドシートにかぎらず、ほぼどんな作業でも、説明動画が見つかるはず）。

ひとつずつ基本的な知識を身につければ、どんな能力もどんどん高まる。車が故障したときに備えて、ロードサービスの番号を携帯電話に登録しよう（夫や父親の番号はこの際考えない）。家中の火災報知器の電池が切れていないか確認しよう。電気機器のマニュアルをまとめて一か所にしまい、故障したときにはすぐにとり出して調べられるようにしよう。

タイヤの空気圧の調べ方も覚えよう（パンクする前に）。パソコン教室を探したり、木工教室に参加したりもしよう。電動ドリルの使い方を覚えて、自宅に棚をつくろう。買ってからずっとしまったままだったコーヒーメーカーを箱から出して使おう。

もし、途中でイライラしてきたら思い出して。何も完璧を目指しているわけじゃない。大事なのは行動、自分でやってみることなんだ、と。

8章

人の顔色をうかがう自分に、さよならのキスを

昨年、わたしはテクノロジー業界の総会に招かれてスピーチをした。今では有名となった、恐ろしいほど間違いだらけのグーグル社員によるメモ（「女性は生物学的にテクノロジー業界の仕事に向いていない」）が流出した直後で、MeToo運動を引き起こした告発の最初の波が来ていたころでもあったから、わたしの中のフェミストはことのほか勢いづいていた。

総会の主催者は、女の子やコーディングをテーマにした、感じがよくて明るい話を期待していたと思う。でもわたしは、女性たちのまわりで起こっている由々しき問題を無視できなかった。だからこう言った――男女の格差をなくすには、女子にコーディングを教えるだけでは不十分です。シリコンバレーが性差別的な文化ややり方を根本的に変えなければなりません。

話し終えたとき、しんと静まり返ってはいなかったものの、割れんばかりの拍手もなかった。そしてなぜか、そのあとに予定されていた質疑応答はなくなった。表立っては言われなかったけれど、主催者が喜んでいないのは明らかだった。わたしの話は不適切で、怒っているように思ったらしい（まあ、当然だ。これで次回はもう呼ばれないだろう）。

それから数日は動揺した。同調圧力には本当にうんざりしていたし、怒れる女性を罰しようと、婉曲にいたたまれない思いをさせる態度にも憤慨していた。もっと頭にきたのは、講演者が男性なら、脱線したり言いたい放題だったりしても、絶対に圧力などかけられないだろうということだ（むしろ拍手喝采されるかもしれない）。だけど、正直に言うと、動揺した大きな理由は、自分が嫌われていると思ったからだ。

それで、わたしはこの気持ちを、エグゼクティブコーチのリャに話してみた。そのとき返ってきた言葉には感動した。「この件から学ぶべきなのは、なぜ彼らがあなたを嫌いなのかでもなければ、誰が正しくて誰が間違っているのかでもない。あなたを理解してくれる人もいれば、そうでない人もいる。その考えを受け入れることよ。それでいいの」

なるほど!!

そんな発想はまるでなかった。でも、そのとおりだ。理解してくれない人はいるけれど、わたしを受け入れ、わたしのやろうとしていることを応援してくれる人もたくさんいる。それでいいんだ。

実際、自分の信じることに従って行動や発言ができるようになればなるほど、人にどう思われようが気にならなくなるものだ。そこで、この章では、相手を喜ばせようとばかり思わなくなる方法を紹介する。〝いつもみんなに好かれたい〟という思いから解放されれば、あなたを理解してくれる味方から、もっと好かれるようになるだろう。

(1 自分を信じる)

女性は、本当はやりたくないと思っていても、誰かに何かをやるように言われるとそれに従いがちだ。本当は気が進まなくても、友だちに勧められればその靴を買ったり(たぶん履くことはないとわかっていても)、上司からクライアントに言えと言われたことは、意に反していても言ったり……。「ノー」と言って相手の気分を害するより、「イエス」と言うほうがはるかに楽だからだ。

俳優のブリジット・モイナハンは、まだ駆けだしのころ、大きな役のオーディションを次々に受けていたが、あるとき、演劇学校の同級生がアドバイスをしてくれた。そのアドバイスはことごとく違っている気がした。でも、すでに俳優として成功していた人だったので、わかったうえで言ってくれているのだろうと思った。だから言われたとおりにした。そして、オーディションに落ちた。「あれを機に、わたしは自分を信じるようになったの」とブリジットは言った。「わたしにとっては、役作りにしても、つらい失恋の後でまた恋をするにしても、自分を信じるのが勇気の大事なポイント。大丈夫、自分にしかない魅力があるって信じるの。自分を信じるには勇気がいるけど、勇気があれば、ダメでもちゃんと立ち直れる」

この方法は、ちょっと難しいかもしれない。自分のなかの勇気の声にしっかりと耳を傾け、自分で決断するのを避けていないか意識しなければならないから。でも、とても大事なことだから、ぜひやってみてほしい。

②「知るもんか」でいく

他人が自分をどう思うかを気にするのが習慣になっている人、誰かに認めてもらいたいという思いが強いせいで、気づかないうちにその人の意に沿う選択や行動をしている人があまりにも多い。この習慣を断ち切るには、自分のやりたいことをやり、言いたいことを言っている女性たちの話からしっかりと学ぶ必要がある。

最高にスカッとする例、言い換えれば「知るもんか」の例を意識してさがしてみよう。

わたしはいつも、ニュースや、友人や同僚が教えてくれる話や、自分が読んだ本などから、そういう話を探している。探すのはそんなに大変じゃない。まわりに目をやれば、毎日いたるところにそんな例がある。

1980年代に宗教色の濃い装飾品を身につけてステージに上がったマドンナ。いっさいの躊躇《ちゅうちょ》なくあらゆるタブーを片っ端から破っていった姿を見たときの尊敬の念は、生涯忘れない。2016年、スーパー・ボウルのハーフタイム・ショーでビヨンセが率いるダンサーたちがブラック・パンサー党のベレー帽をかぶり、拳を突きあげる敬礼を決めたのを見たときの驚きも。

コメディアンのエイミー・シューマーは、どんなにショッキングな内容でも、言いたいことはどんどん口にしている。

フランシス・マクドーマンドは、2017年にゴールデングローブの主演女優賞を受賞したとき、〝洗練された美しさ〟というハリウッドならではの常識を見事に吹き飛ばし、すっぴんにくしゃくしゃの髪で登場した。また、オスカー受賞の際には、同じ業界の女性をサポートする熱いスピーチもした。

まだまだある。下院の金融サービス委員会の公聴会で、委員長のマキシン・ウォーターズは、財務長官スティーブン・ムニューシンがお世辞を並べて質問をはぐらかそうとするのを頑として許さなかった。ちゃんと答えるよう強く求め、「わたしの貴重な時間の返還を要求する」ときっぱり宣言した。

キラン・ガンジーは2015年、生理中に血を流しながらもロンドンマラソンを走破し、女性が生理を恥ずかしがることに対する声明を出して、世界に衝撃を与えた。

ケイトリン・ジェンナーは、〝十種競技のオリンピック金メダリスト、ブルース・ジェンナー〟を捨て去り、自らが認識している本当の性を堂々と公表して、ヴァニティ・フェア誌の表紙を飾った。

どれもみんな、「知るもんか」の精神だ。

勇猛果敢な名優ヘレン・ミレンもいる。今でこそ歯にきぬ着せぬ物言いで有名だが、昔からそうだったわけではない。若いころの自分にどんなアドバイスがありますか、と記者に聞かれた彼女はこう答えた。「〝おりこうちゃん〟なんかやめて、もっと頻繁に『やってらんない』って言っちゃえって言うわね」

あなたは彼女たちに無理に賛同する必要もないし、好きになる必要もない（どのみちあの人たちは気にしないし）。ただ、他人がどう思うかより、自分にとって大事なことに重きを置いている点には注目してほしい。

そしてこれからは、他人の考えなどどこ吹く風といった女性をどんどん見つけては、参考にしてほしい。他人の考えよりも自分の本心に焦点をあてる生き方は、一朝一夕にできることではないから。

③「で、どうなる？」を試す

好かれたいという強い思いは、仲間に認められることが生死をわけた（それゆえ守られてもきた）先史時代の名残だろう。でも、この時代にあっては、誰かに嫌な女だと思われたからって、命を落とすことはまずない。それなのになぜ、わたしたちはこんなにも必死に好かれようとするのだろう。

理由は人それぞれだけど、どの理由にも根本に「好かれないと、自分が恐れていることが起こる」という不安がある。ためしにここで、自分が好かれているかどうかをいちばん気にするのはどういうときか考えてみてほしい（そういうときはたいてい、本当は叫びたいのに、自分を無理やり捻じ曲げて相手を思いやったり、面白がらせたり、協調性を発揮しているはず）。仕事中かもしれない。ママ友、義理の親、相手の連れ子、従業員や上司、恋人や友人といるときかもしれない。

思い当たるものが浮かんだら、自分にこう問いかけてみよう。「この人（たち）が自分のことを嫌ったとして、どんなことが起こると思う？」。たとえば「わたしがママ友に嫌われたら、息子が仲間はずれにされるかも」「冷静沈着なすごい人だと部下に思われなかったら、みんな一生懸命仕事をしなくなるかも」というように。

そのあと、さらにもう一歩踏みこんでみよう。「で、どうなる？」と問いかけて、最悪のシナリオを考えるのだ。たとえば……

「イラつくって言ったら、彼が腹を立てるかも」

で、どうなる？

「わたしと別れる」

で、どうなる？

「わたしはひとりぼっち」

で、どうなる？

「もう出会いなんてなくて、一生ひとり」

これは、みじめな思いとボロボロに傷ついた心、それに永遠の孤独という真っ暗な空間にわが身を投げ入れ、あっという間に60年が過ぎていくシナリオだ。

では次に、実際に何人かの女性がやってみた「で、どうなる?」の流れも紹介しよう。


「わたしがママ友に嫌われたら、息子が仲間はずれにされるかも」

で、どうなる?

「息子に友だちがいなくなる」

で、どうなる?

「さみしい子ども時代を過ごすことになる」

で、どうなる?

「ティーンエージャーになったら、薬にはまるかうつ病になる」


「性差別的な冗談を言う同僚を批判したら、わたしが〝目をつけられる〟かも」

で、どうなる?

「誰からもいっしょに仕事をしたいと思われなくなる」

で、どうなる?

「仕事を失う」

で、どうなる?

「お金も住むところもなくなる」

こうして見ると、改めて「嫌われたら地獄に落ちる」という考えにどれほど強くとらわれているかがわかるだろう。でもあなたには、最悪のシナリオがいかに突拍子もないものか、しっかりと自覚してもらいたい。そうすれば、それが勇気を出す力になる。あなたが怒っていると言っただけで、本当に彼に捨てられるだろうか。仮に捨てられたとして（ちなみにそんな男は、あなたの貴重な時間を費やす価値もないくだらないやつだろうけど）、その結果あなたは本当に孤独死を迎えるだろうか？　あなたがママ友に嫌われたからといって、息子は本当にのけ者にされるだろうか。仮にされたとして、薬づけになるだろうか。

好かれなかったら恐ろしいことになる——わたしたちはそんな物語を勝手に考えて、自分をそれに当てはめている。でも、そんな不安は、シナリオを見直すことで小さくできる。そして、本当に起こりそうなことを見通せるようになる。

絶対に最悪のシナリオどおりにはならない、とは言わない。くだらない彼氏なら、本当にあなたを捨てるかもしれないし、会社に性差別が蔓延しているなら、批判したことで退職を迫られるかもしれない。肝心なのは、そんな最悪の結果になったとしても、しっかり自問できるかどうか、だ。で、どうなる？　と。

あなたはきっと立ち直り、やがてあなたを理解してくれる人たちと出会うはず。人生とはそういうものだ。

(④とにかく「ノー」と言う)

わたしは長い間「ノー」と言うのがすごく嫌だった。生意気だとか、意地が悪いとか、恩知らずだとか思われたくなかったからだけど、それだけじゃない。「ガールズ・フー・コード」を立ち上げたばかりのころ、業界にものすごい権力をもっている、すごくヤな女性がいたので、絶対に彼女のようにはなるまい、と心に誓ったのだ。

わたしはずっと「イエス」と言った。職場の人にも、親しい人にも、時間を割いてアドバイスしてほしいと言ってくる人にも。地球の反対側での講演依頼にまで「イエス」と言った。疲れはてるのがわかっていても。チームの誰かに任せていいような、友人の友人との打ち合わせにも「イエス」と言った。そうしているうちに、時間とエネルギーをカラカラになるまで吸いとられた。

でも今は、努力のおかげでだいぶ変わってきた。今でも「ノー」と言うのは勇気がいる。「イエス」と言うのを望まれたり期待されたりしているときはとくに。「女性は、それにいちばん勇気がいる」と言うリャ・ゴッデスに、わたしも同意するしかない。完璧主義の女の子が「イエス」と答えなくちゃと思いこむのは、協力しなければいけない、役に立たなければいけない、親切にしなくてはいけない、自分より他の人の気持ちを優先しなければいけない、というプレッシャーがつねにあるせいだ。

わたしが「ノー」と言えるようになったのは、〝価値〟や〝目的〟に着目する方法を学んだおかげだ。「わたしにとっていちばん価値のあるものは何？　わたしの目的にかなうものは何？」と自問することで、他人を助けるにしても、自分を犠牲にはしないという線引きができるようになったのだ。6章で「いちばん怖いことは何？」と自問する方法を紹介したけれど、ここではちょっと形を変えて、「イエスと言うことでわたしは何を諦める？（何をやらない？）」「もっと大事なことは何？」と自問してほしい。

わたしの場合、人生において最も大事にしているのは〝家庭〟と〝世の中をよくすること〟のふたつだ。だから、このふたつにプラスになることを選び、そうでないことには「ノー」と言うよう頑張っている（まだ進歩の過程なので、頑張っている、だ）。

プラスになるかならないかは、簡単に見分けがつく。愛情にあふれた母親や妻になるという目的にかなった活動や、会社を向上させるための会議に「イエス」と言うときはワクワクするし、力が湧いてくるし、楽しい。でも一日が終わって、その日の大半を、（本当は嫌だったのに）誰かのために尽くしただけだったと気づいたときは、疲れはて、ムッとした気分になる。

長い一日を終えて家に帰ったとき、人のために走りまわって自分の用事ができなかったと腹が立つこと、あなたもある？　もしあるなら、明日は何に「イエス」と言い、何に「ノー」と言うか、自分の時間やエネルギーをどんなふうに使うかを考えよう。

最近、ある女性からメールが送られてきて、その人が主催する団体のイベントに招待された。自分が所属する専門団体の中にわたしの名前を見つけたらしい。でも、メールを受けとったときはちょうど仕事が手いっぱいで、返信する機会を逸してしまった。すると、またメールが来た。すべて大文字で書かれた（つまり怒鳴っていた）そのメールには、わたしがイベントに参加しなかったのでどんなにがっかりしたかとあり、さらには、わたしたちが所属する団体の暗黙の規範を破ったのではないかと思われるとまで書かれていた。それを読みながら、もし5年前にこんなメールを受けとっていたら、恥ずかしさと罪悪感でさぞムカムカしていただろう、と冷静に思った。幸い、今では文句を言われるのはむしろ面白い。それに、勇気をもって自分の用事を優先させているので、こんなふうに言われても、個人攻撃だとは感じなくなった。

自分の人生を優先すると、驚くほど力が湧いてくる。あなたにもぜひ、実感してほしい。

⑤頼みごとをする

人に頼みごとをするのが心苦しいのは、あなただけじゃない。完璧主義の女性は、厚かましい、依存心が強い、自分本位、うざい、偉そう、押しつけがましい、などと思われるのを想像するだけでゾッとしがちだ。だけど、あなたは人を喜ばせるために生きているわけじゃない。あなたに必要なのは、勇気の筋肉。ここは頑張って、人に頼む習慣を身につけよう。

まずは毎日ひとつ、自分の快適空間からほんのちょっと出るくらいの、ささやかな頼みごとから始めてみてはどうだろう。「レストランで出された食事が冷めていたら、ウェイターに温め直してと頼む」「同僚に、自分の仕事に目を通して意見をくれるよう頼む」「友人に空港まで車で送ってくれと頼む」「親しくなりたいと思っている人に、いっしょにコーヒーを飲みませんかと声をかける」……

厚かましいなんて思われないから大丈夫。なにしろ調査によれば、人はたいてい、他人よりも自分のほうが積極的だと思っているそうだから。つまり、あなたの「厚かましい」も、たぶん他の人にとっては普通のことでしかない。

首尾よく慣れてきたら、次はもう少し大胆に。「車の値引き交渉をする」「人気のある仕事をやらせてと頼む」「大切な相手に、イラつく行為をやめてと頼む」「メンターになってもらいたい人に、会ってくださいと頼む」「上司に、もっと自由に仕事をさせてくださいと頼む」……

参考までに、わたしが学んできた、簡単で効率よく頼むための工夫をあげておこう。

- **ストレートにはっきり、わかりやすく**　もってまわった言い方はしない。
- **丁寧に**　これは弱さではなく勇気の印。「お願いします」と「ありがとう」をつけ加えれば、相手に与える印象はぐっとよくなる。
- **緊張しがちなら、前もって練習しておく**　そうすれば口ごもらずにすむ。
- **すぐに頼みごとを引っこめない**　わたしに頼みごとをしてきても、「無理だったらいいんです」とすぐに引っこめてしまう部下がとても多い。あなたは、頼んだらそのまま黙って相手に答えさせよう。
- **いきなり謝らない**　「申し訳ないんですけど……」と最初に謝ったりしない。

（⑥すぐ結果が出なくも、やりつづける）

ミッチ・マコーネルは、上院議員の公聴会で、エリザベス・ウォーレンに黙って座っているようにと言い、彼女の質問を握りつぶそうとした。あのとき、多くの女性たちがそれに力強く抗議の声をあげるとは、誰も思わなかっただろう。男性が女性を無理やり黙らせようとするのは決して珍しくないから。ニューヨーク・タイムズ紙によると「学術調査および無数のエピソードから明らかなように、男性のほうが多い場では、ほとんどの女性が、話をさえぎられたり、かぶせてこられたり、打ち切られたり、話をして罰せられたりといったことを経験している」という。

わたしは言いたい。「威圧してくる連中の時代は終わった。これからはわたしたちの時代だ！」と。

今こそ、あなたが黙らされたり邪魔されたりしてきた日々に、
今こそ、声をあげたら、威圧されたり、嫌われると怯えてきた日々に、
今こそ、謙虚さゆえに控えてきた業績のすべてに、
今こそ、周囲に気をつかい、あなたの真実を飲みこんできた日々に、
今こそ、堂々と話すべきだと心底思ったのにずっと黙っていた日々に、
声をあげよう！

そのために必要なことは以下のとおりだ。

●横槍を入れられても話しつづける　黙るよう言われても、話しつづけよう。「嫌な女だ」と言われたら、「ありがとう」と言って話しつづけよう。陸軍軍人だったチェルシー・マニングは、機密文書をウィキリークスに漏洩《ろうえい》した罪で軍事刑務所に7年入った。出所すると、黙って去れというすさまじい圧力に直面した。でも拒んだ。誰もがしゃべるなと言ってくる。彼女にとってはこの事実こそが、しゃべるべきだと信じるに足る理由だったからだ。マニングは正しかった。

●自分の時間をとり戻す　聴衆の時間を無駄にしたくないという思いがあるからか、わたしは基調講演やパネルディスカッションで早口になることが多い。でも、男性でそういう人を見たことはない。彼らはたいてい、演台いっぱいに原稿を広げ、立ちっぱなしにせよ座るにせよ、緊張感ゼロといった感じでゆったりくつろぎ、時間をかけて水を飲み、ようやく話しはじめたと思ったら、自分の世界に酔いしれている。だからわたしも、ゆっくりしゃべるように頑張っている。あなたも自分の声を、場所を、そして時間をとり戻そう。

●臆せず売りこむ　さまざまな研究からも明らかなように、自分の業績をしっかりアピールしていく女性ほど出世も早く、給料もよく、キャリアを含めたあらゆる点において一段と充実している。シリコンバレーでは、上級職昇進の際、どれだけアピールできるかが最も重視される。でも、別の研究によれば、女性は極端なまでに業績をアピールしたがらない。それは、深く染みこんでいる〝謙虚であれ〟という呪縛のせい、「自慢するな」と絶えずささやきかけてくる声のせいでもあるだろう。

あなたにはぜひ、自分の業績を誇ることをためらわない男性を見習ってほしい。大きな契約を結んだ？　ポストしよう。昇進した？　メールでみんなに知らせ、業界のオンライン・ニュースにも連絡してみよう。他の人にも、あなたのいい話を広めてもらおう。わたしは、自分が憧れたり尊敬したりしている人から、その人のいい知らせを広めてほしいと頼まれれば、いつでも喜んで協力している。あなたの知り合いも、きっとそうしてくれるだろう。

●まずいレモネードは吐きだす　1章で紹介した、砂糖のかわりに塩を加えたレモネードの実験を覚えてる？　女の子たちは、実験者に嫌な思いをさせたくないからと、我慢してそれを飲んだ。だけど、わたしたちはもう大人。そんなレモネードは我慢せずに吐きだそう。誰かに何か言われ、それが間違っていると思ったら、しっかりそう言おう。相手と同じように考えろと無理強いされても、はっきり拒もう。

テイラー・スウィフトは、写真撮影中にお尻をつかんできたラジオ番組のＤＪを訴えた。裁判の際、相手方の弁護士は彼女の信用を傷つけようとしてきたけれど、一歩も引かなかった。次から次へとぶつけられる屈辱的な質問にもしっかり答え、その弁護士を黙らせた。さも無実だと言わんばかりに「彼女を正面から写した写真を見るかぎり、スカートは乱れていない」と相手側弁護士が指摘したときの、彼女の答えは最高だった。スウィフトは落ち着き払ってこう言った。「それはわたしのお尻が後ろにあるからです」

●権利を行使する

ある女性が、自分の〝言葉によらない合図〟を理解してもらえず、俳優のアジズ・アンサリにセクハラをされた、とブログに書いた。それを読んだとき、多くの人と同じくわたしもたまらない思いになった。そして悩んだ。わたしも、知り合いの女性もほぼ全員、男性から何かをされたり言われたりして不愉快な思いをしたのに声を上げなかった経験があるからだ。

ぶしつけで不適切な言葉の暴力から具体的な脅迫まで、本当に多くの女性が、男性からしたくもないことを強要され、はっきり「ノー」と言えずに追いつめられてきた。でも、どうして、彼女（あるいはわたしたち）は立ち上がってその場をあとにしなかったのだろう。どうしてわたしたち（あるいは彼女）は声をあげなかったのだろう。答えは、そのやり方を教えてもらわなかったから。「ノー」「やめて」「ダメです」とはっきり言っていいと、誰も教えてくれなかったから。

だから、今ここで、声を大にして言おう。それらは全部言っていい！　全部、あなたの権利なのだから。ＭｅＴｏｏ運動があれだけの勢いで広がったのは、これまでずっとたまりにたまってきた不満や、こらえにこらえてきた屈辱が爆発したからだ。わたしたちは、その権利をとり戻すために武器を携えて行進している。これからは、勇気を出して声をあげ、権利を行使していこう。セクハラを黙殺する時代を、もう終わりにするために。

9章

女性同士で力を合わせる

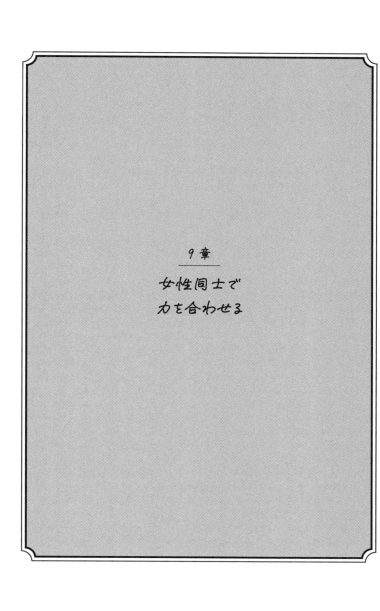

２０１７年のニューヨークシティマラソンで、シャレーン・フラナガンはアメリカ人女性として40年ぶりにトップでゴールテープを切った。そのとき彼女がもたらしたのは、記録ともうひとつ、ニューヨーク・タイムズ紙のいう「シャレーン効果」だった。

それまでプロの女性ランナーの間では、「自力だけで勝負する」という考えが常識だったが、フラナガンはその考えを打ち破った。彼女は他の女性アスリートと力を合わせて、励まし合い、支え合い、刺激を与え合って勝利を手にした。その結果、彼女とチームメイトは今や世界トップレベルのマラソン選手になり、さまざまな大会からオリンピックまで、あらゆる試合を制している。

これこそが〝チーム勇気〟の戦い方だ。女性のために世界を変えていくには、女性たち一人ひとりが支え合い、励まし合っていくことがとても大事だ。互いに励まし、みんなが勇気をもち、いい結果も悪い結果もわかち合えば、女性同士でしっかり団結していけば、もっと勇気が必要なことにも立ち向かえるようになる。

勇気をもつということは、積極的に行動していくこと。マラソンで優勝するのでも、セクハラ発言をした男性に「それはよくない」と指摘するのでもいい。あなたが突破口を開いて最初のひとりになれば、他の女性もあとに続ける。そうやっていくうちに、女性がみんな強くなっていく。

⑦舞台裏を見せる

109ページで紹介した、メディア企業〈スキム〉の創業者ダニエル・ワイズバーグとカーリー・ザーキンのオフィスの壁には、ヴァニティ・フェア誌に掲載されたふたりの特集記事が額に入れて飾られている。そこにあるミレニアル世代のエネルギッシュな笑顔からは、さりげないプロ意識、おだやかな自信がうかがえる。

ところが、ふたりを訪ねて話を聞くと、ダニエルは壁にある記事を指さし、声をあげて笑いながら教えてくれた。苦もなく成功したかのような顔をしているけれど、本当は自転車操業で、撮影の1時間前にはクレジットカードも決済できなかった、と。

「つい最近、技術系起業家に会ったら、彼女に言われたの。あなたたちはさも簡単そうに仕事をしているから好きになれないって」。ダニエルは言った。「啞然とした。だって、そんなこと全然ないから。そんなイメージが広まっているなら申し訳ないって思う。軌道に乗せるまでのつらい過程を全部見せるのも大事なのかも。楽しそうに見える仕事だって、実際は楽しいだけじゃやってられないんだし」

朝起きたときから完璧な人なんていない。一度もケンカをしたことがないカップルもいないし、天使みたいに完璧な子どももいない。楽をして組織のトップに君臨できる人もいない。みんな汗を流し、次から次へと立ちはだかる障害をひとつずつくぐり抜けてきた。インスタのフィルターのおかげで〝完璧な一枚〟を生みだせるようになったけれど、現実はそうじゃない。

現実の世界では、誰もがもがいている。失敗している。余計なことを口走ってしまったり、子どもに声を荒げたり、税金を払い忘れたりしている。じつはセラピーに通っているとか、ストレスでドカ食いすることがあるとか、職場のトイレで泣くことがあるとか、恥ずかしくて言えない秘密が誰にでもある。

わたしたちは、完璧という幻想を維持するためにどれだけのエネルギーと努力がいるかをよく知っている。と同時に、その努力が結局はどれほど虚しいものかもよく知っている。そんなことよりも重要なのは、まわりの人に、自分は不完全な人間だと見せる勇気。もがきもすれば、間違いもすれば、失敗もすると言う勇気だ。

もし、あなたがうわべの〝完璧〟をはぎとり、本当の自分（舞台裏の混乱）を見せたらどうなるだろう？

まず、これまでまとっていた重い鎧を脱ぎ捨てられてホッとする。重石《おもし》がなくなり、心底気が楽になる。

中身のない上っ面だけのつきあいではなく、相手と心から向き合えるようにもなる。嘘もお世辞もない本当の関係からは、元気がもらえて、刺激ももらえて、幸せになれる。そこでは、背伸びも見栄も必要ない。なんとかいい印象を与えようと躍起になる必要もない。お互いに、同じように不完全な人間のままでいい。

舞台裏を見せれば、まわりの人たちだってリラックスできるはずだ。わたしの知り合いの女性は、政治資金を集めるために、素敵なパーティを何度も開いている。会場を飾る花から食べ物、彼女のヘアスタイルからメイクにいたるまで、いつだってすべて非の打ちどころがない。でも、その彼女に、何もかもが完璧ですばらしいですねと言ったら、きっと笑いながら教えてくれるだろう。「客人が揃う前に、猫がカーペットの上で吐いてしまったのよ」とか、「この豪華なドレスは貸衣装」とか。彼女は気どらない。すべてをすばらしく見せるために努力しているけれど、それをいつもユーモアで包んでいる。彼女が魅力的なホストなのは、部屋の飾りつけが申し分ないからでも、よだれが出そうな料理が並んでいるからでも、高価な磁器が使われているからでもなく、飾らない人柄だからだろう。

あなたも、自分の間違いを隠すのではなく、堂々と見せてみよう！　たしかに、素敵じゃない自分を見せるのは勇気がいる。恥をかいたこと（同情されたり、笑われたりしたこと）ならもっと勇気がいる。それでも、成功をわかち合うときと同じように、それもみな思いきってわかち合おう。

ダニエルとカーリーの習慣を思い出してほしい。毎週スタッフミーティングの際、その週いちばんの失敗をした人に「やらかしました」ヘルメットを贈り、それをかぶって失敗談を話してもらうという習慣を。わたしとスタッフはこれをアレンジして、「やらかした金曜日」というハッシュタグをつけたSNSへの投稿を始めた。あなたも何かやってみては？

（②まず自分から応援する）

言いたくはないけれど、女同士のいがみ合いほど嫌なものはない。助言し合えば双方のプラスになると研究でも証明されているのに、競い合いやおとしめ合いはなくならない。それもたいていは裏で悪口を言ったり、噂をしたり、あの手この手で事実を捻じ曲げたりして。『プラダを着た悪魔』(ハヤカワ文庫)が刊行されたときのことは、はっきり覚えている。あのとき、わたしの知るほぼすべての女性が、自分にもミランダ・プリーストリーがいて、何かと苦しめられていると話していたから。誰もが憧れるタレント事務所のアシスタントをしていた友人は、イライラした女性上司から(一度ならず)携帯電話を投げつけられたと言った。小売店で働く女性は、女性マネジャーが犯したミスを自分のせいにされたうえ、そのマネジャーに大事な顧客の前でこき下ろされて啞然とし、言葉もなく立ちつくしたと言った。女性上司より男性上司の下で働くほうがまだマシだと言う女性が少なくないのも、不思議ではない。

どうして、こんなふうに女同士で傷つけ合うのだろう? 理由はいろいろある。この社会を生きる女性は、男性の二倍必死に働いても、男性の半分しか敬意を払われず、しかも給料は四分の三以下。ほんの少しでも抜きん出るために、女性同士で足を引っぱり合ったとしても無理はない。出世するには自己主張し、大胆でなければならないのに、女性がそうすると悪口を言われ、批判されがち。どちらに転んでも茨の道という現実も一因だろう。女性は生物学的に競い合うようにできている、と言う人もいる。たしかに原始時代には、そうやって仲間を率いる男性の愛情（と、それにともなう保護と食料も）を勝ち得ていたのかもしれない。生き残るために。

他の女性に影を薄くされたり、出世で先を越されたり、出し抜かれたり、打ちのめされたりするのが怖いから先にしかける、ということもあるかもしれない。自分が不完全なのを悟られるのが怖くて、他の人の失敗をことさらにあげつらう。他の女性を信用したり、協力したりするのが怖くて、自力だけで勝負するという考えに固執する……。自分が弱いと思うからこそ、他の女性に突っかかり、悪口を言い、足を引っぱるのだ。

でも、もし見方を変えたら？　弱さじゃなくて強さを示すために他の女性を支えようと考えてみたら？　自分の不完全さを気にするより、自分の能力を高め、他の女性もそうできるよう力を貸したら？　積極的な女性のことを影で悪く言うより、その人のすごいところを話すようにしたら？　女性全員に行き渡るだけの役職がないのを心配するかわりに（まあ、実際そうだけど）、女性の同僚や友人が上を目指せるよう手助けしたら？　他の女性より劣っていると思うより、自分も彼女と同じくらい賢い／才能がある／価値があると自分に言い聞かせ、その女性にいっしょにやろうと声をかけたら？

もうおわかりのように、寛大さと勇気は密接につながっている。女性が女性をサポートするときはとくに。他の女性をサポートするために自分の時間やエネルギーを費やすのは、簡単じゃない。勇気がいる。それでも他の女性を励まし、導き、認め、背中を押し、サポートする機会を探してみてほしい。それはいずれ必ず、あなたをより幸せにするはずだから。

以下に、最初の一歩を踏みだすためのアイデアをあげてみよう。

● **ほめ合う**　友人や同僚がすばらしいことをしていたら応援し、そのすばらしさを広く伝えよう。たとえば、友人が大学院に入ったら、彼女のインスタグラムに賞賛のコメントを書き込もう。同僚が昇進したら、仕事仲間全員にメールを送り、お祝いの飲み会をしよう。同じ業界の女性が賞をとったら、ソーシャルメディアでお祝いの言葉を送ろう。こんなちょっとしたサポートでも間違いなく広まり、いっしょに頑張っていることを確認し合える。

● **お互いの勇気ある行動をわかち合う**　勇気をもつよう他の女性を励ますには、具体的な例をあげるのがいちばんだ。あなたの勇気ある行動を聞けば、「わたしも」と思うだろう。だから、友人や家族や同僚にどんどん「勇気の実例」を話そう。そして、みんなから応援してもらおう。

●勇敢なメンターになる　声をあげたり、積極的になろうと頑張っている女性がいたら、進んで助けてあげよう。彼女がスピーチを前に緊張しているなら、原稿に目を通してほしい？　聞き手になって練習につきあってほしい？　と聞いてみよう。ダンス教室に行きたいけど、からかわれるのが心配で、と言われたら、いっしょに行って、いっしょにからかわれるよ、と言ってあげよう。病院の大事な予約をしていたけど、怖いから延期したいと言ったら、付き添って、ちゃんと病院に行かせよう。

●正直な感想を言う　女性から「どう思う？」と聞かれたら、本当のことを話してほしい。相手の気持ちを傷つけまいとして見えすいた嘘をついたりしないで。そんなことをしても、あなたも彼女も救われないから。とはいえ、きつい口調はダメ。おだやかに、単刀直入に、心の底から正直に、敬意を込めて話そう。

●相手のことを真剣に受け止める　質問をされたり、アドバイスや協力を求められたりしたときは、適当にあしらわない。相手にとっては、あなたに声をかけるだけでもすごく勇気がいっただろう。彼女の頼みを引き受けるにしろ断るにしろ、おざなりにはしない。その程度の敬意も払えないほど忙しかったり、お偉い人間なんて、どこにもいないはずだ。

●勇敢な仲間と集う　10歳だったアリス・ポール・タッパーがワッペンづくりに乗りだし、授業中に手をあげようと全米中の女の子を励ましたように、あなたも率先して知り合いの女性たちと協力しながら、勇気ある行動をしはじめよう。毎日ひとつは勇気ある行動をすると約束し合って、グループチャットでその勇気をたたえ合おう。

●つなぐ存在になる　同僚が何かのプロジェクトに取り組んでいて、あなたがその力になれる人を知っていたら、両者の間をとりもとう。同僚の仕事にプラスになる資料を持っていたら提供しよう。自分が知っている情報も人も共有して、リソースとネットワークを最大限活用しよう。男性が学閥で豊かなネットワークを築いているなら、わたしたち女性だって豊かなネットワークをもつべきだ。

10章

大失敗したら、
こうして乗り切る

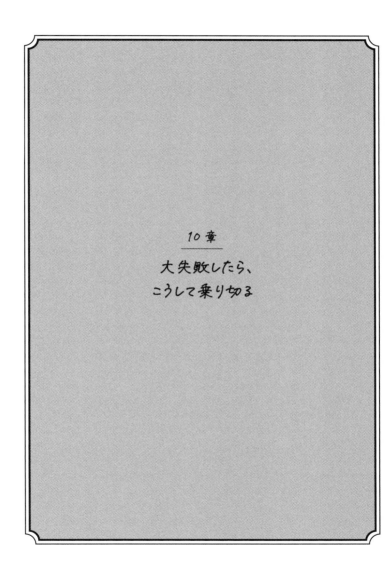

あなたはしくじった。ようこそ「大失敗クラブ」へ！　正直、誰も入りたいと思わないクラブだけど、みんな一度は必ず招かれる。試合や仕事で負けたり、取材やプレゼンで大失敗したり、志望校に入れなかったり、人間関係や仕事や大きな計画がはかなく消えたり……。

絶望のただ中にいると、もう二度と立ち直れないように思える。でも、初めて失恋をしたときのことを思い出してみて。胸も張り裂けんばかりの悲しみを経験し、この傷は癒えっこないと思っていたのに、ちゃんと癒えたでしょ？　それに今、あなたは勇気の筋肉を鍛えようとしている。その努力はすべて、あなたが失敗の痛手を乗り越えていくのに大いに役立つにちがいない。

ものごとが望んでいたとおり、あるいは計画していたとおりにいかないときには、次のようなステップをひとつずつ順番に実践するといい。これで、きっと、乗り越えられる。

(1)ひとり残念会を開く

下院議員選挙で負けた翌朝、わたしはひとりホテルの部屋で目覚めた。前日の「勝利を祝う」服は着たままだったし、祝勝会をするつもりで用意していたものがそこら中に散らかっていた。頭は痛く、心は石のように重かった。それでもどうにか起き上がり、自宅に戻った。

部屋に入るや皺だらけの服を床に脱ぎ捨て、スウェットに着替えると、そのままベッドに潜《もぐ》りこんだ。それから3日間、ベッドの中でひたすら傷ついた自尊心を癒した。ベッドから抜けだすのは、クラッカーを食べてダイエットコークを飲んでいる間だけ。すぐにまたベッドに戻り、ぼんやりテレビを眺めていた。自分がすっかり腑抜けになったような気がしたし、たぶんそう見えてもいただろう。

4日めにようやくベッドから起きだし、テレビを消して、髪を洗った。最後にもう一度だけ涙を流してから、とびきり濃いコーヒーを飲んだ。そして、ゆっくりと活動を再開した。まずは支援してくれたり寄付してくれたりした人たちに、これまでのお礼を伝える電話を。そこから先はご存じのとおり。

今、振り返ってみると、ひたすら自分を憐れんで過ごしたあの日々も、立ち直るためには必要だったのだとわかる。あなたも、〝残念会〟を開くといい。期間を決め(わたしの場合は、ものすごくつらい挫折だといつも3日ほどかかる)、自分が失ったものを思って、本気で嘆き悲しもう。いちばん楽な部屋着を着て、いちばん仲のいい女友だちを呼びだし、泣くなりわめくなりにつきあってもらおう。ドラマシリーズを一気見し、ワインのボトルを開け、アイスを爆食いし……、なんでもいい、したいことを思う存分やってみよう。

そして、じゅうぶんに心を癒して「もう準備ができた」と思えたら立ち上がり、空になったアイスの容器を捨てて、ステップ②へ行こう。

② 失敗をたたえる

科学の世界では、失敗を繰り返すのが当たり前だ。研究を重ね、実験を繰り返した結果うまくいき、何百万人もの役に立ったり命を救ったりできることもときにはある。だが、たいていは失敗ばかりだ。

それなのに、彼らは失敗を祝うという。なぜ? メルクの神経科学部門部長の言葉を借りれば、それは「答えを得る達成感を祝う」ことだから。たとえその答えが望んだものではなくても。

2013年、バイオジェンが開発していたALS（筋萎縮性側索硬化症）治療用新薬の見通しは明るかった。それは、この衰弱性疾患に苦しむ人たちにとってのかすかな光。初期の研究結果に希望を得て、バイオジェンは最終段階の臨床試験を始めた。世界中の患者と医者が、待ちに待ったときがくることを願い、祈った。でも、その臨床試験は失敗し、科学者たちは打ちひしがれ、泣き崩れた。

なのに、彼らはそのあと飲みに出かけた。

その場の様子が目に浮かぶようだ。聡明な男女が重い心を抱えながらもグラスを掲げ、互いの無念を慰め合う。きっと、これまでの功績もたたえ合っただろう。この手の開発中止がどれだけ大きな意味をもつかは痛いほどわかる。でも、たとえ大きな失敗であっても、小さな成果を祝うのを忘れてはいけない。そうすることで、また努力を続け、いつかは大きな成功をもたらすという希望を抱きつづけることができるから。

失敗は挑戦の証、挑戦したということは、リスクを負ったということ。あなたも、わたしも、勇気ある女性だ。それは祝うに値する！　たとえ期待していたものではなくても、その過程でたくさんのことを学んだ。だから、どんな結果でも祝おう。祝ったあとはきっと、次への一歩を踏みだしていける。

（③振り払う）

当時グーグルの社員だったジェームズ・ダモアの「女性は生物学的にテクノロジー業界での仕事に向いていない」と書かれたメモが流出して数週間、テレビもラジオもオンラインニュースも大騒ぎだった。わたしも猛烈に腹が立ち、その怒りをニューヨーク・タイムズ紙の特集ページに投稿してぶつけた。すると、同紙の編集者がそれをとても気に入ってくれ、8月13日の日曜版に掲載してくれることになった。

ところが、その前日の2017年8月12日、土曜日の午後に事件が起こった。バージニア州シャーロッツビルで行なわれた人種差別への抗議デモに白人至上主義者が乱入し、参加者の女性ひとりが殺され、大勢の人が傷つけられたのだ。翌日の紙面は速やかに、アメリカの根深い人種問題に焦点をあてた。その影響で、わたしの投稿は掲載されずに終わった。当然だ。この事件にはわたしも激しい嫌悪を感じていた。それでも、正直に言えばガッカリした。そのままソファで30分ほど過ごしたのを覚えている（ごく簡単な残念会）。

でも、そのあと立ち上がり、スニーカーを履いて走りにいった。鬱々とした気持ちを振り払うために。

ここで言う〝振り払う〟とは、失望も恥も後悔も、あなたにまとわりついて前に進むのを阻んでいるすべての思いを文字どおり振り払うことを意味している。心が傷ついたあとは、体を動かすと早く立ち直れるという研究結果もある。だから、とにかく動こう。ランニングでもいい、長距離のウォーキングでもいい。ジムへ行ったりヨガをするのでもいい。友人といっしょにやればさらにいい（人とのつながりも、立ち直りを後押ししてくれるから）。

運動は苦手？　だったら無心で何かをやって、自分をいたわろう。料理をするのでも、好きな本を読むのでも、瞑想するのでもいい。子どもと公園で過ごしたり、美術館や映画やコンサートに行くのもいいかもしれない。

こういうことをすれば、何もかもがまた突然バラ色に戻る？　もちろんそんなことはない。でも、はまってしまった落ちこみからは引っぱり出してもらえる。それに、もう一度気力を出すのにも役立つ。ふたたびエネルギーと力を感じたら、前を向いてステップ④に進もう。

（④見直し、再検討し、立て直す）

さあ、いよいよ前へ進むときがきた。酸っぱいレモンは甘いレモネードに変えよう。

まずは「見直し」から。これを成功させるコツは、あなたの身に起こったことを話す、もしくは書くことにある。その際、できるだけ自分の意見は入れないようにするのもポイントだ。必要なのは客観的な事実だけ。批判も説明もなし。ジャーナリストになったつもりで以下の項目を自分に問いかければ、きっとうまくいく。

- 何が起こったのか。
- どこで、いつ、どんなふうに起こったのか。
- 誰が関わっていたのか。
- (具体的に、実際に) どんな影響をおよぼしているのか。
- 変えたり、直したり、もとに戻すべきなのは何か。

それができたら、次は「再検討」に移る。ここで必要なのは、心理学者が言うところの「認知的柔軟性」、つまり異なった視点から状況を見る能力だ。心理療法士のエスター・ペレルはこれを、「自分の物語を組み立て直す」と称している。ひとつの物語に執着し、それを頭の中で何度も繰り返し思い返すのは簡単だけど、恥ずかしさや罪悪感で歪められた白黒だけの出来事にとらわれてしまうと、灰色の部分が見えなくなってしまう。だから、物語を組み立て直す。そのためには一歩引いて、いろいろな視点から問いかけなくてはならない。

●何がうまくいかなかったのかはわかっている。でも、うまくいったことは？
●目指していたところには届かなかった。だけど、そのかわりに学んだり得たりしたことは？
●もうすでにじゅうぶん自分を責めている。今度は、友人にするように自分をいたわり、苦しみから解放してあげる番だ。これまでの努力や行動で、認められてもいいものはなんだろう。誇れるものは？　自分を許すときのポイントは、自分のした正しい行ないだけを考えること。思い出して。完璧な人なんていない。もちろんあなたも。
●押しつぶされた、ひどい仕打ちをされた、拒まれた――そう言っているだけでは非難合戦で終わってしまい、意欲を奪われるばかりだ。思い切ってそのループから抜けだして、別のやり方でできなかったか考えよう。次はどんなやり方にする？
●壁は崩壊した。それでもまだ残っているものは何？　そこから何を回収できる？
●望んだものは手に入らなかった。うまくいかなかった。でも、何かプラスになることもあったのでは？　それは何？
●これはひとつの章の終わりなだけで、物語の終わりじゃない。次はどんな章が待っていると思う？

そして、いよいよ最後の「立て直す」だ。挫折から立ち直るのに必ず役立つ要素が3つある。それは、目的意識、感謝、利他主義だ。だから、まず目的を立て直そう。そもそもこの挑戦をしたのは「なぜ」なのかを思い出してほしい。わたしは選挙に負けたとき、どうして立候補したのかを思い返した。それは、他の人の役に立ちたい、世の中をよくしたいという強い思いがあったからだ。だからその後は、その目的を別のやり方で叶えた。

ベストセラー作家エリザベス・ギルバートは、TEDでのスピーチで、2冊目の著作がヒットしなかったとき、そこからどうやって立ち直ったかを語った。「自分が生きるべき場所さえ忘れなければ、結果がどんなに目まぐるしく変わろうとも、いつでも動じることなくいられる」。彼女にとっての「生きるべき場所」(目的であり挑戦する理由)は、書くことへの愛だという。あなたにとってのそれは何?

立て直しに役立つふたつめは、感謝だ。この気持ちがあれば、気分もエネルギーもいい方向に変えていける。そもそも、落ちこんだまま感謝するのは難しい。司会者でプロデューサーのオプラ・ウィンフリーは、自ら映画化した作品『愛されし者』が痛ましいまでに大こけして、うつ病になったが、そこから彼女を引っぱりあげたロープが、感謝だった。「あのとき、心から感謝することができたおかげで、わたしは本当に強くなれた」とウィンフリーは言う。「持ってないものじゃなく、持っているもののことだけを考えたら、いつまでも悲しみに沈んでることなんてできない」

あなたも感謝できるようになりたい？　だったら〝感謝リスト〟を毎日つくることをお勧めする。わたしは1年前から毎朝やっている。これを始めてから、一日の充実度が大きく変わった。やるのは、毎朝、あるいは毎晩、心から感謝することを3つ書きだす、それだけだ。簡単に「家族と仕事と健康」でもいいけれど、できればもう少し突っこんで考えてみよう。家族のことで感謝したいのは何？（笑わせてくれる、支えてくれる、毎晩ちゃんと帰ってきてくれる……）。仕事のどんなところがありがたい？（満足感、同僚、休憩室にあるおやつ……）。自分にとってプラスになった経験は何？（大好きな本、誰かとの会話、好きな食べ物、旅行……）。健康面でいちばん大事なことは？（病気や怪我をしない、大好きなことができる丈夫な体、元気であること……）。個人的に大事にしていることは何？（パートナーからの無条件の愛、友人からのサポート、居心地のいい家庭……）

わたしはこのリストに、その日自分がやらかした失敗や挫折もよく書き足す。すぐには失敗や挫折に感謝などできないかもしれないけれど、わたしは、その一つひとつが結果として自分という人間を形づくっていくのを学んできた。こんなふうに考えるようになったきっかけを与えてくれたのは、かの思想家ラルフ・ウォルドー・エマソンだ。彼はかつてこう言った。「あなたに訪れるすべてのいいことに感謝する習慣、それもつねに感謝しつづける習慣を身につけなさい。それに、あらゆるものがあなたの成長に役立つのだから、万物にも感謝を捧げなさい」

さて、立て直しに役立つ最後の要素は利他主義だ。つまり、人のために何かをする。そうすれば、必ず否定的な思考から抜けだせる。人のためにやれることは、莫大な寄付や炊き出しのボランティアだけじゃない。多くの調査でも明らかなように、どんな形であれ人に力を貸したり、親切にすることで、健康も、寿命も、喜びも、幸福感も、大きく増す。

たとえば、大がかりなプロジェクトに取り組んでいる同僚に、サポートを申し出る。子どもの学校に来た転校生の母親に声をかけて、いっしょにコーヒーを飲む。協力や励ましをくれた友人に手書きのお礼状を送る。ひとりで住む近所の高齢の女性を訪ねてみる……。人のために何かをすると、苦々しさや恥ずかしさや失望といった、いつまでもくすぶっているマイナスの感情が消えてなくなり、前向きになれる。しかも、相手も明るい気持ちになるのだから、いいことづくめだ。

(⑤もう一度挑戦する)

行きづまる。間違える。つまずき、挫折し、失敗する。それでも……。
とんでもないことをやらかすたびに、してはいけないことを学べる。
行きづまるたびに、自分で自分を正していけることを証明できる。
失敗するたびに、もう一度挑戦できる。
結果として、失敗のおかげで成長していける。より強く、賢明になれる。
もっと人の気持ちがわかるようになり、もっと誠実な人間になれる。
完璧を求めなくなれば、失敗が、名誉ある勇気の証になる。
さあ、その証を誇り高く身につけて、もう一度挑戦しよう。
完璧な女の子にさよならのキスをして、かわりに勇気をもとう。
そして、力のかぎり、自分らしく生きていこう！

謝辞

この本は、日々わたしを励ましてくれる、女性の仲間たちによる絶大なるサポートの賜物だ。それは、ＴＥＤでスピーチをする機会を与えてくれた「ガールズ・フー・コード」の女の子たちから始まって、とてつもない不安と夢を、勇気をもってわかち合ってくれた大勢の女性へと続いていった。

執筆のパートナー、デブラ・ゴールドスタインに感謝したい。本書の執筆という旅をあなたとできたことは、最高に素敵なことのひとつだった。手を携えられる相手、もっと掘り下げるよう背中を押してくれる相手を見つけられるのはとても幸せなこと。わたしにとってはそれがデブラだった。わたしが真実の自分を見つけられるよう励ましてくれてありがとう。

偉大なるエージェントのリチャード・パインに謝意を表する。あなたは本書執筆の後押しをしてくれただけでなく、ＴＥＤでスピーチをするわたしを見て以来ずっと、わたしの活動を信じてくれた。エリザ・ロススタインとインクウェルの素敵なチームのみなさんにもお礼を。あなたたちを家族と呼べて幸せです！

ティナ・コンスタブルとクラウンのすばらしいチームのみなさん、ありがとう。出版チームのキャンディス、あなたはこの本のタイトル（原題はBrave, Not Perfect）の頭文字「ｂｎｐ」のタトゥーを入れて、これを人生の一部にしてくれたわね。毎日いっしょに生きてくれてありがとう。編集者のタリア・クローン、本書に命を吹きこめたのは、あなたの類い稀な編集能力と賢明なアドバイスのおかげ。

シャーロット・ストーン、本書を受け入れてくれたこと、勇敢な活動ができるようわたしを手助けしてくれたことに感謝している。あなたは大学卒業以来ずっと、女の子と女性のリーダーシップ向上に心血を注いできた。そんなあなたがいっしょにこの旅をしてくれたことを、心からありがたいと思っている。

プリヤ・フィールディング＝シン、あなたのその調査能力と秀でた分析的思考にお礼を。本書に費やしてくれた時間と心配りに、本当に感謝している。サラ・ベッコフ、本書のために尽くし、サポートしてくれてありがとう。

キャサリン・ステイナー＝アデア、レイチェル・シモンズ、アンドリュー・シャッテ、メレディス・グロスマン、アダム・グラント、リャ・ゴッデス、ベロニカ・ロス、ティファニー・デュフ、エスター・ペレル、ブリジット・モイナハン、ダニエラ・ワイズバーグ、カーリー・ザーキン。その貴重な見識と物語を提供してくださったすべての聡明な思想家、作家、変革者《チェンジメーカー》のみなさんに感謝申し上げる。

デビー・ハニーとブラッド・ブロックミューラー、あなたたちは教育者の立場で、とても貴重な視点から本書に貢献してくれた。ありがとう。

本書のためのフォーカスグループに参加し、体験談を話してくれたすべての女性にもお礼を伝えたい。本書の執筆でわかったことがある――たくさん笑いながら本音を語り合うなら、やっぱりワインとお寿司とピザよね。

デボラ・シンガー、ベン・ヤロー、トリーナ・ダスグプタ、リャ・ゴッデス、タニア・ザパラニューク、アシュリー・グランビー、エミリー・シェンヴァー。みんな、わが「ガールズ・フー・コード」の家族、友だちだ。感謝してる。

最後はわが人生における男性の味方、夫のニハル、息子のシャーン、そして父へ。わたしがいつもいちばん勇気を出せるよう励ましてくれてありがとう。それから姉のケシュマ、姪のマヤ、母へ。人生の教訓をたくさん教えてくれてありがとう。

おまけ

この本でディスカッションするときの質問例いろいろ

❶本の中であなたの心にいちばん響いたのはどこ？　自分のことだと思った話はある？

❷完璧でなければ、というプレッシャーを自分にかけすぎているという自覚はある？　あるいは、「仕事で最高の結果を出さなければ」とか、母親として「すべてをこなさなければ」とか。はたまた四六時中、思いやりをもって礼儀正しくしていなければ」とか。そんなプレッシャーに、いつも足を引っぱられていると思う？

❸本当に望んでいる人生ではなく、人から期待される人生を送っている、と感じることはある？　誰かをガッカリさせる心配なしに何かを変えられるとしたら、どう変える？

❹序章で、著者にとっては選挙への立候補が、成功するとは思えないことへの初挑戦だったとあったけれど、あなたは、失敗したり、呆れられたり、自分の快適空間から出たりするのが怖くて、挑戦したり、チャンスを手にするのを避けたことはある？

❺仕事で、ガツガツしていると思われたり、嫌われたりするのではないかと心配したことはある？　男性でも、同じように心配すると思う？　そう思う理由は？

❻2章で著者は「今、最も完璧さを煽っているのは、ソーシャルメディアだろう。その影響力は際立っている」と書いていた。あなたは、誰かの完璧な家族や完璧な休暇や完璧な日常をソーシャルメディアで見て、自信をなくしたことがある？　他の人からどう思われるかを考えると、完璧じゃないものは投稿できない？　娘がいるなら、娘も同じようなソーシャルメディアの体験をしていると思う？

❼著者は、女性が自分の外見を鎧と見なしがちだと言っているけれど、もし自分が、欠点もなく完璧に磨き上げられた外見をしていたら（細くて、メイクもヘアスタイルもバッチリ）、誰からも批判されないと思う？　安心できると思う？

❽3章では「完璧であることは秀でていること」という俗説の嘘が暴かれている。ただ、完璧でなくても秀でることはできるとわかっても、具体的にどこでそれを克服できるかを見つけるのは難しい。あなたはどういうところで俗説を打ち破れそう？

❾あなたが男の子と女の子の親なら、完璧であることや勇気をもつことなどについて考えはじめてから、男女の子どもへの接し方が変わったと思う？

❿娘がいるなら、勇気を出すことのお手本をどんなふうに示している？　失敗しても大丈夫だということを、どうやったら教えられると思う？

⓫一日に何回謝るか数えてみよう。丸一日、1回も謝らずに過ごせてる？　もし、そうできたらどんな気分？

⓬誰かの気分を害したり、悪いことを言ったりしたのではないかと悩んで、その思いから抜けだせなくなったことはある？　そのとき、どんな最悪の事態を想像した？　実際はどうなった？

⑬6章では、自分の「崖っぷち」（自分にとってするのがいちばん怖いこと）を見つけようと言っているけれど、あなたの「崖っぷち」は何？　それとしっかり向き合ったら、あなたの人生はどんなふうによくなっていくと思う？

⑭パート2には、勇気ある行動で世の中を変えていった女性の話がたくさん出てきた。わたしたちにはもっと、勇気ある女性の（身近な）ロールモデルが必要。あなたのロールモデルは誰？

⑮7章では、「ためしにやってみる」のが失敗から回復するのにどう役立つかを説明していた。あなたが今日、ためしにやってみること、そして失敗するかもしれないことは何？

⑯9章には、女性同士の団結の重要性が書いてあった。他の女性の勇気を応援するために、明日あなたにできることは何？

⑰この本に出てきたさまざまなアイデアを試して、勇気ある人生を実現していくために、あなたはこれから、どんなことを心がけていきたい？

Brave, Not Perfect

完璧《かんぺき》じゃなくていい、
勇気《ゆうき》ある女《おんな》になろう

2024年 2月14日　初版第1刷発行

著者
レシュマ・サウジャニ
訳者
岩田佳代子《いわたかよこ》
編集協力
藤井久美子
装幀
Y&y
印刷
萩原印刷株式会社
発行所
有限会社 海と月社
〒180-0003　東京都武蔵野市吉祥寺南町2-25-14-105
電話0422-26-9031　FAX0422-26-9032
http://www.umitotsuki.co.jp

定価はカバーに表示してあります。
乱丁本・落丁本はお取り替えいたします。

ISBN978-4-903212-83-8

弊社刊行物等の最新情報は以下で随時お知らせしています。
ツイッター　@umitotsuki
フェイスブック　www.facebook.com/umitotsuki
インスタグラム　@umitotsukisha